Pythonによる実務で役立つ
データサイエンス練習問題 3
200+
機械学習・深層学習

久保幹雄 [著]

朝倉書店

序

Python の様々なライブラリ（パッケージ）の使用法を練習問題を通して学習する.

はじめに

世の中には例題を読ませるだけの教育が氾濫しているが，本当にできるようになるためには，練習が欠かせない．ここでは，Python を用いたデータアナリティクスを本当に自分でできるようになるための練習問題を集めた．できれば解答をコピペするのではなく，自分の力で考え，自分で試行錯誤をし，自分で書いてみることを勧める．さらに本書は，単にプログラムが書けるだけでなく，例題と練習問題を通して，背景にある理論を理解し，自分で実際の問題を解決できることを目標としている.

本書は，JupyterLab で記述されたものを自動的に変換したものであり，以下のサポートページで公開している．コードも一部公開しているが，ソースコードを保管した GitHub 自体はプライベートである．本を購入した人は，サポートページで公開していないプログラムを

```
https://www.logopt.com/kubomikio/analytics.zip
```

でダウンロードすることができる．ダウンロードしたファイルの解凍パスワードは R#2i_de!ah である.

作者のページ

```
https://www.logopt.com/kubomikio/
```

サポートページ

```
https://scmopt.github.io/analytics/
```

出版社のページ

https://www.asakura.co.jp/detail.php?book_code=12281
https://www.asakura.co.jp/detail.php?book_code=12282
https://www.asakura.co.jp/detail.php?book_code=12283

内容

- 数値計算パッケージ NumPy
- データ解析パッケージ Pandas
- 可視化パッケージ matplotlib と seaborn
- 対話型可視化パッケージ Plotly
- データを可視化するための方法（Plotly Express）
- Python 言語の先進的プログラミング（ジェネレータ，simpy によるシミュレーション，型ヒント，dataclasses，pydantic パッケージによる型の厳密化，既定値をもつ辞書 defaultdict，map 関数，正規表現，JSON，Requests パッケージ，OpenPyXL による Excel 連携，Streamlit による Web アプリ作成）
- statsmodels を用いた統計分析
- 科学技術計算パッケージ SciPy
- PyMC によるベイズ推論と Prophet による時系列データの予測
- グラフ・ネットワークパッケージ NetworkX
- PuLP と Gurobi/Python による最適化問題のモデリング
- SCOP による制約最適化のモデリング
- OptSeq によるスケジューリング最適化のモデリング
- scikit-learn を用いた機械学習
- fastai による深層学習
- PyCaret を用いた自動機械学習

プログラミング環境の整え方

- ブラウザしかない場合：Google Colab（https://colab.research.google.com）を使う．Jupyter Notebook が動き，Google Drive に保管される．
- パッケージ（モジュール）のインストールには pip を使う．Google Colab 内では !pip

とする.

- 自分の PC にインストール 1：全部入りの anaconda（`https://www.anaconda.com/products/individual`）をダウンロードして入れる． Juputer Lab など色々いっぺんに入る． Plotly や fastai や prophet は別途 conda コマンドでインストール.
- 自分の PC にインストール 2 (専門家向け)：仮想環境を作り個別に環境を整備する． 仮想環境とパッケージ管理は Poetry（`https://python-poetry.org/docs/`）もしくは conda（`https://docs.conda.io/`）を推奨.
- Poetry の場合：Python 3.x（`https://www.python.org/downloads/`）を入れたあとで，Poetry をインストール． Poetry の使い方については，以下のビデオを参照. 「poetry add パッケージ名」で諸パッケージをインストールする.

現在の環境（pyproject.toml）

```
[tool.poetry.dependencies]
python = ">=3.8,<3.10"
matplotlib = "^3.5.3"
scipy = "^1.5.4"
plotly = "^5.10.0"
seaborn = "^0.11.2"
numpy = "^1.18"
networkx = "^2.8.6"
vega-datasets = "^0.9.0"
statsmodels = "^0.13.2"
yellowbrick = "^1.0"
holidays = "^0.15"
jupyterlab = "^3"
fastai = "^2.7.9"
ipywidgets = "^8.0.1"
widgetsnbextension = "^4.0.2"
graphviz = "^0.20.1"
pycaret = "^2.3.10"
pydantic = "^1.9.2"
simpy = "^4.0.1"
openpyxl = "^3.0.10"
watchdog = "^2.1.9"
gurobipy = "^9.5.2"
mypulp = "^0.0.11"
pyvis = "^0.2.1"
```

```
nbconvert = "5.6.1"
jupyter-client = "6.1.2"
nbdev = "^1.1.23"
Cython = "^0.29.32"
scikit-learn = "^0.23.2"
streamlit = "^1.12.0"
numba = "0.53.1"
Jinja2 = "3.0"
pandasgui = "^0.2.13"
amplpy = "^0.8.5"
shap = "^0.41.0"
pystan = "2.18"
black = "^22.12.0"
nb-black = "^1.0.7"
prophet = "^1.1.1"
```

目　　次

第 1 巻・第 2 巻略目次

15 scikit-learn を用いた機械学習

- 機械学習の定番である scikit-learn を，機械学習可視化パッケージ yellowbrick を用いて解説する．

15.1 機械学習とは

機械学習（machine learning）は，Google の検索エンジン，Facebook の友人紹介，Amazon のおすすめ商品の紹介，スパムメイルの分別，ドローンの宙返り，自然言語処理，手書き文字の認識，データマイニングなど様々な応用に使われている．機械学習は，コンピュータに新しい能力を与えるための基本学問体系であり，コンピュータに知能を与えるための総合学問である人工知能の一分野と位置づけられる．機械学習の定義には様々なものがあるが，チェッカーゲームに対する初めての学習で有名な Arthur Samuel によれば「コンピュータに明示的なプログラムを書くことなしに学習する能力を与える学問分野」（"the field of study that gives computers the ability to learn without being explicitly programmed"）と定義される．

15.1.1 教師あり学習

機械学習は，大きく分けて**教師あり学習**（supervised learning）と**教師なし学習**（unsupervised learning）に分類される．教師あり学習は，入力と出力の組から成るデータを与えて，その関係を学習するものであり，教師なし学習は，入力だけから成るデータから学習を行うものである．

教師あり学習は，大きく**回帰**（regression）と**分類**（classification）に分けられる．回帰は出力が連続な値をもつ場合であり，分類は離散的な値をもつ場合に対応する．日にちを入力として各日の商品の需要量を出力としたデータが与えられたとき，需要量を予測するためには回帰を用いる．需要量は連続な値をもつからだ．一方，顧客の過去

の購入履歴から，ある商品を購入するか否かを判定するためには分類を用いる．購入するか否かは 0, 1 の離散的な値で表されるからだ．回帰や分類を行うための入力を**特徴**（feature）とよぶ．特徴は 1 つでも複数でも（場合によっては）無限個でもよい．

■ 15.1.2 教師なし学習

教師なし学習は，出力（正解）が与えられていないデータを用いる機械学習であり，代表的なものとして**クラスタリング**（clustering）や**次元削減**（dimension reduction）があげられる．クラスタリングは，入力されたデータ（変数）間の関係をもとにデータのグループ化を行う際に用いられ，次元削減は，高次元データを低次元に落とす際に用いられる．これらの手法は，教師あり学習の前処理として有用である．

15.2 線形回帰

線形回帰の**仮説関数**（hypothesis function）は，

$$h_w(x) = w_0 + w_1 x_1 + w_2 x_2 + \cdots + w_n x_n$$

と表すことができる．これは，入力 x と出力 y が重み w を用いて $h_w(x)$ のように表すことができるという仮説を表す．

学習アルゴリズムの目的は，トレーニング集合を用いて，最も「良い」重みベクトル w を求めることである．それでは，どのような重み w が「良い」のであろうか？線形回帰では，各データ $i\,(= 1, 2, \ldots, m)$ に対して，仮説関数によって「予測」された値 $\hat{y}^{(i)} = h_w(x^{(i)})$ と本当の値 $y^{(i)}$ の誤差の自乗（2 乗）が小さい方が「良い」と考える．これを**損出関数**（loss function）とよぶ．すべてのデータに対する損出関数の平均値（を 2 で割ったもの．これは微分したときに打ち消し合うためである）を**費用関数**（cost function）$J(w)$ とよぶ．

$$J(w) = \frac{1}{2m} \sum_{i=1}^{m} \left(h_w(x^{(i)}) - y^{(i)} \right)^2$$

費用関数 $J(w)$ を最小にする重みベクトル w を求めることが線形回帰の目的となる．

実は，費用関数 $J(w)$ は凸関数になるので，これを最小にする w は凸関数に対する非線形最適化の手法を用いて簡単に求めることができる．

ベクトルと行列を用いて最適な w を求める公式を導いておこう．トレーニングデータをベクトル y と行列 X で表しておく．

$$y = \begin{pmatrix} y^{(1)} \\ y^{(2)} \\ \vdots \\ y^{(m)} \end{pmatrix}$$

$$X = \begin{pmatrix} 1 & x_1^{(1)} & \cdots & x_n^{(1)} \\ 1 & x_1^{(2)} & \cdots & x_n^{(2)} \\ \vdots & \vdots & \ddots & \vdots \\ 1 & x_1^{(m)} & \cdots & x_n^{(m)} \end{pmatrix}$$

行列 X に対しては最初の列にすべて 1 のベクトルを追加していることに注意されたい.

重みベクトル w は $n+1$ 次元のベクトルとして以下のように表す.

$$w = \begin{pmatrix} w_0 \\ w_1 \\ \vdots \\ w_n \end{pmatrix}$$

このとき費用関数は,上で定義したベクトルと行列で記述すると

$$J(w) = \frac{1}{2m}(y - Xw)^T(y - Xw)$$

となる.これを w で偏微分したものを 0 とおくと方程式

$$X^T(y - Xw) = 0$$

が得られるので,w について解くことによって,

$$w = (X^T X)^{-1} X^T y$$

を得る.これが線形回帰の解ベクトルとなる.

線形回帰がどれだけ良いかを表す尺度として**決定係数** (coefficient of determination) R^2 がある.R^2 は予測値とトレーニングデータの誤差の自乗和から計算される.

まず,最適な重み w の下での誤差の自乗和(SSE: Sum of Square Error)を以下のように計算する.

$$SSE = \sum_{i=1}^{m} \left(h_w(x^{(i)}) - y^{(i)} \right)^2$$

次に,基準となる誤差の自乗和として,平均値 $\bar{y}$ とトレーニングデータ $y^{(i)}$ の差の自

乗和 (SST: Total Sum of Square) を計算する.

$$SST = \sum_{i=1}^{m} \left(\bar{y} - y^{(i)} \right)^2$$

決定係数 R^2 はこれらの自乗和の比 SSE/SST を 1 から減じた値と定義される.

$$R^2 = 1 - SSE/SST$$

定義から分かるように R^2 は 1 以下の値をもち,1 に近いほど誤差が少ない予測であることが言える.

15.3 例題:広告による売上の予測

　広告のデータ http://logopt.com/data/Advertising.csv を用いる.

　テレビ (TV),ラジオ (Radio),新聞 (Newspaper) への広告から売上 (Sales) を予測する.

```
import pandas as pd  # まずはpandasモジュールを準備する.
# csvファイルからデータ読み込み
df = pd.read_csv("http://logopt.com/data/Advertising.csv", index_col=0)  # 0行目を
    インデックスにする.
df.tail()
```

	TV	Radio	Newspaper	Sales
196	38.2	3.7	13.8	7.6
197	94.2	4.9	8.1	9.7
198	177.0	9.3	6.4	12.8
199	283.6	42.0	66.2	25.5
200	232.1	8.6	8.7	13.4

　独立変数 (特徴ベクトル) X は TV, Radio, Newspaper の列,従属変数 (ターゲット) y は Sales の列である.

```
y = df["Sales"]
X = df[["TV", "Radio", "Newspaper"]]  # df.drop("Sales",axis=1) でも同じ
X.head()
```

	TV	Radio	Newspaper
1	230.1	37.8	69.2
2	44.5	39.3	45.1
3	17.2	45.9	69.3
4	151.5	41.3	58.5
5	180.8	10.8	58.4

■ 15.3.1 scikit-learn の基本手順

• 手順 1: クラスをインポートして,インスタンスを生成する.

- 手順 2: fit メソッドを用いて，データから訓練する．
- 手順 3：predict メソッドを用いて予測を行う．

線形回帰クラス LinearRegression を用いて線形回帰を行う．

```
from sklearn.linear_model import LinearRegression
reg = LinearRegression()   # 線形回帰クラスのインスタンス reg を生成
reg.fit(X, y)              # fitによる訓練
yhat = reg.predict(X)      # predictによる予測
```

```
print("y-切片= ", reg.intercept_)
print("係数 = ", reg.coef_)
```

```
y-切片=  2.938889369459412
係数 =  [ 0.04576465  0.18853002 -0.00103749]
```

```
SSE = ((yhat - y) ** 2).sum()  # Sum of Square Error
SST = ((y.mean() - y) ** 2).sum() # Total Sum of Square
print("R2 =", 1 - SSE / SST)  # 決定係数 R^2
```

```
R2 = 0.8972106381789522
```

```
print(reg.score(X, y))  # 決定係数の別計算
```

```
0.8972106381789522
```

■ 15.3.2　可視化（回帰）

yellowbrick パッケージを用いて，結果の可視化を行う．

可視化の基本手順

- 手順 1: クラスをインポートして，可視化インスタンスを生成する．
- 手順 2: fit メソッドで，データを用いて訓練する．
- 手順 3: score メソッドを用いて評価尺度を計算する．
- 手順 4: show メソッドを用いて図を表示する．

回帰に対しては，以下の 2 種類がある．

- 予測誤差（PredictionError）
- 残差プロット（ResidualPlot）

```
from yellowbrick.regressor import PredictionError

visualizer = PredictionError(reg)

visualizer.fit(X, y)
visualizer.score(X, y)
visualizer.show();
```

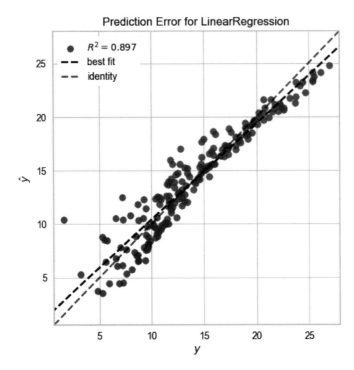

```
from yellowbrick.regressor import ResidualsPlot

visualizer = ResidualsPlot(reg)

visualizer.fit(X, y)
visualizer.score(X, y)
visualizer.show();
```

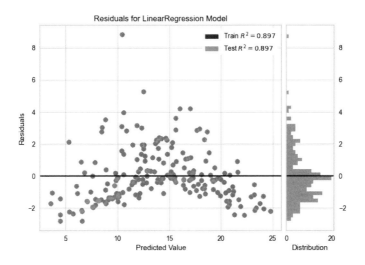

問題 175 （SAT,GPA）

http://logopt.com/data/SATGPA.csv データを用いて，2 種類の SAT の成績から GPA を予測せよ．さらに結果の可視化を行え．

問題 176 （住宅価格）

http://logopt.com/data/Boston.csv の Boston の住宅データを用いて回帰分析を行え．さらに結果の可視化を行え．

medv が住宅の価格で，他のデータ（犯罪率や人口など）から予測する．

問題 177 （車の燃費）

http://logopt.com/data/Auto.csv の車の燃費のデータを用いて回帰分析を行え．さらに結果の可視化を行え．

データの詳細については，

https://vincentarelbundock.github.io/Rdatasets/doc/ISLR/Auto.html
を参照せよ．

最初の列が燃費（mpg: Mile Per Gallon）であり，これを他の列の情報を用いて予測する．最後の列は車名なので無視して良い．

```
car = pd.read_csv("http://logopt.com/data/Auto.csv", index_col=0)
car.head()
```

	mpg	cylinders	displacement	horsepower	weight	acceleration	year	origin	name
0	18.0	8	307.0	130	3504	12.0	70	1	chevrolet chevelle malibu
1	15.0	8	350.0	165	3693	11.5	70	1	buick skylark 320
2	18.0	8	318.0	150	3436	11.0	70	1	plymouth satellite
3	16.0	8	304.0	150	3433	12.0	70	1	amc rebel sst
4	17.0	8	302.0	140	3449	10.5	70	1	ford torino

問題 178（コンクリートの強度）

以下のコンクリートの強度の例題に対して，**strength** 列の強度を他の列の情報から，線形回帰を用いて推定せよ．さらに結果の可視化を行え．

```
concrete = pd.read_csv("http://logopt.com/data/concrete.csv")
concrete.head()
```

	cement	slag	ash	water	splast	coarse	fine	age	strength
0	540.0	0.0	0.0	162.0	2.5	1040.0	676.0	28	79.986111
1	540.0	0.0	0.0	162.0	2.5	1055.0	676.0	28	61.887366
2	332.5	142.5	0.0	228.0	0.0	932.0	594.0	270	40.269535
3	332.5	142.5	0.0	228.0	0.0	932.0	594.0	365	41.052780
4	198.6	132.4	0.0	192.0	0.0	978.4	825.5	360	44.296075

問題 179（シェアバイク）

以下のシェアバイクのデータに対して，**riders** 列が利用者数を，線形回帰を用いて推定せよ．ただし，**date** 列と **casual** 列は除いてから回帰を行え．さらに結果の可視化を行え．

また，なぜ **casual** 列を含めて推定をしないのか考察せよ．

```
bikeshare = pd.read_csv("http://logopt.com/data/bikeshare.csv")
bikeshare.head()
```

	date	season	year	month	hour	holiday	weekday	workingday	weather	temp	feelslike	humidity	windspeed
0	2011-01-01	1	0	1	0	0	6	0	1	0.24	0.2879	0.81	0.0
1	2011-01-01	1	0	1	1	0	6	0	1	0.22	0.2727	0.80	0.0
2	2011-01-01	1	0	1	2	0	6	0	1	0.22	0.2727	0.80	0.0
3	2011-01-01	1	0	1	3	0	6	0	1	0.24	0.2879	0.75	0.0
4	2011-01-01	1	0	1	4	0	6	0	1	0.24	0.2879	0.75	0.0 ↵

casual	registered	riders
3	13	16
8	32	40
5	27	32
3	10	13
0	1	1

15.4 例題: ダミー変数を用いたダイアモンドの価格の予測

`http://logopt.com/data/Diamond.csv` からダイアモンドの価格データを読み込み，線形回帰による予測を行う．

列は ["carat","colour","clarity","certification","price"] であり，他の情報から価格（price）の予測を行え．

カラット（carat）以外の列は情報が文字列として保管されている.

これはカテゴリー変数とよばれ, sciki-learn で扱うには, 数値に変換する必要がある.

pandas の **get_dummies 関数**で数値情報（ダミー変数）に変換してから, 線形回帰を行う.

たとえば, 色を表す colour 列は D,E,F,G,H,I の文字列が入っている. これを各値が入っているとき 1, それ以外のとき 0 の数値に変換したものが**ダミー変数**になる.

色はいずれかの値をとるので, ダミー変数は独立でない（1 つが 1 になると, 他のすべては 0 になる）.

最初のダミー変数を除くには, get_dummies 関数の引数の **drop_first** を True に設定すれば良い.

```
diamond = pd.read_csv("http://logopt.com/data/Diamond.csv", index_col=0)
diamond.head()
```

	carat	colour	clarity	certification	price
1	0.30	D	VS2	GIA	1302
2	0.30	E	VS1	GIA	1510
3	0.30	G	VVS1	GIA	1510
4	0.30	G	VS1	GIA	1260
5	0.31	D	VS1	GIA	1641

```
diamond = pd.get_dummies(diamond, drop_first=True)  # ダミー変数の最初のものを除く
# diamond = pd.get_dummies(diamond) # 除かなくても結果は同じ
diamond.head()
```

	carat	price	colour_E	colour_F	colour_G	colour_H	colour_I	clarity_VS1	clarity_VS2	clarity_VVS1
1	0.30	1302	0	0	0	0	0	0	1	0
2	0.30	1510	1	0	0	0	0	1	0	0
3	0.30	1510	0	0	1	0	0	0	0	1
4	0.30	1260	0	0	1	0	0	1	0	0
5	0.31	1641	0	0	0	0	0	1	0	0 ↵

clarity_VVS2	certification_HRD	certification_IGI
0	0	0
0	0	0
0	0	0
0	0	0
0	0	0

```
y = diamond.price  # 従属変数（price）の抽出
X = diamond.drop("price", axis=1)  # 独立変数（特徴ベクトル）をpriceの列を除く
    ことによって生成
X.head()
```

	carat	colour_E	colour_F	colour_G	colour_H	colour_I	clarity_VS1	clarity_VS2	clarity_VVS1	clarity_VVS2
1	0.30	0	0	0	0	0	0	1	0	0
2	0.30	1	0	0	0	0	1	0	0	0
3	0.30	0	0	1	0	0	0	0	1	0
4	0.30	0	0	1	0	0	1	0	0	0
5	0.31	0	0	0	0	0	1	0	0	0 ↩

certification_HRD	certification_IGI
0	0
0	0
0	0
0	0
0	0

```
from sklearn.linear_model import LinearRegression  # 線形回帰クラスのインポート

reg = LinearRegression()  # 線形回帰クラスのインスタンス生成
reg.fit(X, y)  # 訓練
yhat = reg.predict(X)  # 予測
```

```
print("y-切片= ", reg.intercept_)
print("係数 = ", reg.coef_)
print("決定変数= ", reg.score(X, y))  # 決定係数の別計算
```

```
y-切片=  169.17604383492107
係数 =  [12766.39597047 -1439.0853427  -1841.69054716 -2176.67218633
 -2747.14998002 -3313.1023993  -1474.56614749 -1792.01092358
  -689.29043537 -1191.16426364    15.22672874   141.2624469 ]
決定変数=  0.9581280577870392
```

```
visualizer = PredictionError(reg)

visualizer.fit(X, y)
visualizer.score(X, y)
visualizer.show();
```

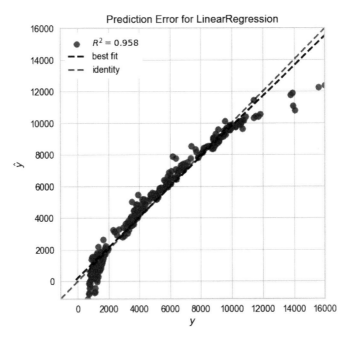

```
visualizer = ResidualsPlot(reg)

visualizer.fit(X, y)
visualizer.score(X, y)
visualizer.show();
```

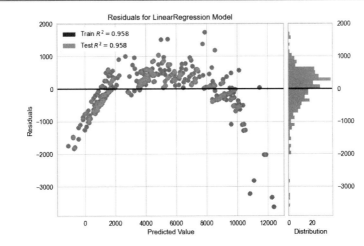

問題 180　（車の価格）

　http://logopt.com/data/carprice.csv から車の価格データを読み込み，線形回帰による予測を行え．また，結果を可視化せよ．

　データの詳細は https://vincentarelbundock.github.io/Rdatasets/doc/DAAG /carprice.html にある．

　車種（Type），100 マイル走る際のガロン数（gpm100），都市部での 1 ガロンあたりの走行距離（MPGcity），高速道路での 1 ガロンあたりの走行距離（MPGhighway）から，価格（Price）を予測せよ．

```
carprice = pd.read_csv("http://logopt.com/data/carprice.csv", index_col=0)
carprice.head()
```

	Type	MinPrice	Price	MaxPrice	RangePrice	RoughRange	gpm100	MPGcity	MPGhighway
6	Midsize	14.2	15.7	17.3	3.1	3.09	3.8	22	31
7	Large	19.9	20.8	21.7	1.8	1.79	4.2	19	28
8	Large	22.6	23.7	24.9	2.3	2.31	4.9	16	25
9	Midsize	26.3	26.3	26.3	0.0	-0.01	4.3	19	27
10	Large	33.0	34.7	36.3	3.3	3.30	4.9	16	25

問題 181　（チップ）

　チップ（tips）データに対して線形回帰を用いてもらえるチップの額（tip）を予測せよ．また，結果を可視化せよ．

```
import seaborn as sns

tips = sns.load_dataset("tips")
tips.head()
```

	total_bill	tip	sex	smoker	day	time	size
0	16.99	1.01	Female	No	Sun	Dinner	2
1	10.34	1.66	Male	No	Sun	Dinner	3
2	21.01	3.50	Male	No	Sun	Dinner	3
3	23.68	3.31	Male	No	Sun	Dinner	2
4	24.59	3.61	Female	No	Sun	Dinner	4

15.5　ロジスティック回帰による分類

　ロジスティック回帰（logistic regression）は，その名前とは裏腹に分類のための手法である．

　ここでは出力が 0 もしくは 1 の値をもつ分類問題を考える．ロジスティック回帰の仮説関数 $h_w(x)$ は，分類が 0 になるのか 1 になるのかを表す確率を表す．ロジスティック回帰の名前の由来は，条件 $0 \le h_w(x) \le 1$ を満たすために，線形回帰の仮説関数に**ロジスティック関数**（logistic function；シグモイド関数）を用いることによる．ロジス

ティック関数 $g(z)$ は，以下のように定義される（グラフを見たい場合には，Google で 1/(1+e^-x) と検索する）．

$$g(z) = \frac{1}{1 + e^{-z}}$$

ここで e は自然対数の底である．$z = 0$ のときに $g(z) = 0.5$ になり，$z \to \infty$ になると $g \to 1$，$z \to -\infty$ になると $g \to 0$ になることに注意されたい．

　この関数を用いると，ロジスティック回帰の仮説関数は，

$$h_w(x) = g(w_0 + w_1 x_1 + w_2 x_2 + \cdots + w_n x_n)$$

と表すことができる．

　仮説関数を用いて実際の分類を行うためには，$h_w(x) \geq 0.5$ のときには $y = 1$ と予測し，$h_w(x) < 0.5$ のときには $y = 0$ と予測すれば良い．すなわち，$h_w(x) = 0.5$ を境界として，領域を $y = 1$ と $y = 0$ の2つに分けるのである．このことから，$h_w(x) = 0.5$ は**決定境界**（decision boundary）とよばれる．

　ロジスティック回帰における費用関数は以下のように定義される．

$$J(w) = \frac{1}{m} \sum_{i=1}^{m} \mathrm{Cost}(h_w(x^{(i)}), y^{(i)})$$

$$\mathrm{Cost}(h_w(x), y) = \begin{cases} -\log(h_w(x)) & y = 1 \\ -\log(1 - h_w(x)) & y = 0 \end{cases}$$

$y = 1$ の場合には，この費用関数は $h_w(x) = 1$ のとき 0 になり，$h_w(x) \to 0$ になると無限大に近づく．$y = 0$ の場合には，この費用関数は $h_w(x) = 0$ のとき 0 になり，$h_w(x) \to 1$ になると無限大に近づく．つまり，予測が当たる場合には費用が 0 に，外れるにしたがって大きくなるように設定されている訳である．さらに，この費用関数は凸であることが示せるので，線形回帰と同様に非線形最適化の手法を用いることによって，最適な重み w を容易に求めることができるのである．

15.6　2値分類（スパム判定）

メイルがスパム（spam；迷惑メイル）か否かを判定する例題を用いる．

https://archive.ics.uci.edu/ml/datasets/spambase

様々な数値情報から，**is_spam** 列が 1（スパム）か，0（スパムでない）かを判定する．

```
spam = pd.read_csv("http://logopt.com/data/spam.csv")
spam.head().T
```

	0	1	2	3	4
word_freq_make	0.210	0.060	0.000	0.000	0.000
word_freq_address	0.280	0.000	0.000	0.000	0.000
word_freq_all	0.500	0.710	0.000	0.000	0.000
word_freq_3d	0.000	0.000	0.000	0.000	0.000
word_freq_our	0.140	1.230	0.630	0.630	1.850
word_freq_over	0.280	0.190	0.000	0.000	0.000
word_freq_remove	0.210	0.190	0.310	0.310	0.000
word_freq_internet	0.070	0.120	0.630	0.630	1.850
word_freq_order	0.000	0.640	0.310	0.310	0.000
word_freq_mail	0.940	0.250	0.630	0.630	0.000
⋮					
char_freq_;	0.000	0.010	0.000	0.000	0.000
char_freq_(	0.132	0.143	0.137	0.135	0.223
char_freq_[	0.000	0.000	0.000	0.000	0.000
char_freq_!	0.372	0.276	0.137	0.135	0.000
char_freq_$	0.180	0.184	0.000	0.000	0.000
char_freq_#	0.048	0.010	0.000	0.000	0.000
capital_run_length_average	5.114	9.821	3.537	3.537	3.000
capital_run_length_longest	101.000	485.000	40.000	40.000	15.000
capital_run_length_total	1028.000	2259.000	191.000	191.000	54.000
is_spam	1.000	1.000	1.000	1.000	1.000

is_spam 列が従属変数（ターゲット）y になり，それ以外の列が独立変数（特徴ベクトル）X になる.

ロジスティック回帰を用いる.

```
X = spam.drop("is_spam", axis=1)
y = spam.is_spam
```

■ 15.6.1　LogisticRegression クラスの引数

最適化をするための手法を **solver** 引数で変えることができる．　以下のものが準備されている.

- "newton-cg": Newton 共役方向法
- "lbfgs": 記憶制限付き BFGS（Broyden–Fletcher–Goldfarb–Shanno）法（既定値）
- "liblinear": 座標降下法（小さなデータのとき有効）
- "sag": 確率的平均勾配法（Stochastic Average Gradient）；大規模なデータで高速
- "saga": 確率的平均勾配法の変形；大規模なデータで高速
- "newton-cholesky": データ（サンプル）数が特徴の数と比較して非常に大きいときに有効

```
from sklearn.linear_model import LogisticRegression  # ロジスティック回帰クラスの読
    み込み

logreg = LogisticRegression(solver = "liblinear")  # インスタンスの生成
logreg.fit(X, y);  # 訓練
```

■ 15.6.2　可視化（分類）

yellowbrick パッケージを用いて，結果の可視化を行う．分類に対しては以下が準備

されている.

- 混合行列（ConfusionMatrix）
- 分類レポート（ClassificationReport）
- 2値分類に対する閾値変化図（DiscriminationThreshold）
- ROC曲線（ROCAUC）

a. 混合行列

混合行列（confusion matrix）とは, 行を正解, 列を予測とし, あたり（true）が対角線になるようにした行列である. 普通は1を左上にするが, yellowbrick だと 0,1 の順に並ぶので注意する必要がある.

True\Prediction	not spam	is spam
not spam (0)	TN	FP
is spam (1)	FN	TP

- positive（陽性）：予測 (prediction) が 1 （スパム）；(注意) positive か否かは相対的なものであるので, どちらでも良い. 0 （スパムでない）を positive とすることも可能である.
- negative（陰性）：予測が 0 （スパムでない）
- true （真）：あたり
- false （偽）：はずれ

正解率（accuracy）は以下のように定義される評価尺度である.

$$\text{accuracy} = \frac{\text{TP} + \text{TN}}{\text{TP} + \text{FN} + \text{FP} + \text{TN}}$$

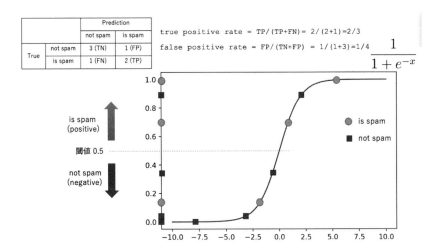

		Prediction	
		not spam	is spam
True	not spam	3 (TN)	1 (FP)
	is spam	1 (FN)	2 (TP)

true positive rate = TP/(TP+FN) = 2/(2+1) = 2/3

false positive rate = FP/(TN+FP) = 1/(1+3) = 1/4

$$\frac{1}{1 + e^{-x}}$$

```
from yellowbrick.classifier import ConfusionMatrix

cm = ConfusionMatrix(logreg, classes=["not spam", "is spam"])

cm.fit(X, y)
cm.score(X, y)
cm.show();
```

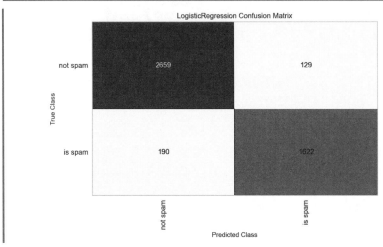

LogisticRegression Confusion Matrix

b.　評価尺度（メトリクス）

spam でないメイルを spam と判断する（false positive）のは，大事なメイルがスパム
フォルダに入ってしまうので困る．spam を spam でないと判断するのは（false negative），
スパムを消せば良いのであまり困らない．

したがって，他の評価尺度（recall, precision, f1 score など）が準備されている．

$$\text{true positive rate} = \text{recall} = \frac{\text{TP}}{\text{TP} + \text{FN}}$$

$$\text{precision} = \frac{\text{FP}}{\text{TP} + \text{FP}}$$

$$\text{false positive rate} = \frac{\text{FP}}{\text{TN} + \text{FP}}$$

$$\text{f1 score} = \frac{2(\text{precision} \cdot \text{recall})}{\text{precision} + \text{recall}}$$

```
TP, FN, FP, TN = 2665, 123, 190, 1622
precision = TP / (TP + FP)
recall = TP / (FN + TP)
print("precision=", precision)
print("recall=", recall)
print("F1 score=", 2 * (precision * recall) / (precision + recall))
```

```
precision= 0.9334500875656743
recall= 0.9558823529411765
F1 score= 0.9445330497962078
```

```
from yellowbrick.classifier import ClassificationReport

visualizer = ClassificationReport(logreg, classes=["not spam", "is spam"])

visualizer.fit(X, y)
visualizer.score(X, y)
visualizer.show();
```

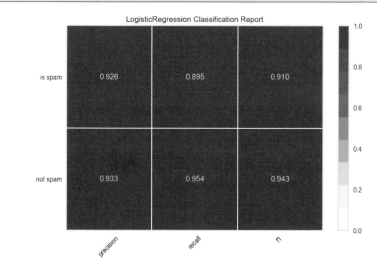

c. 閾値（threshold）を変えてみる

ロジスティック回帰は, spam である確率を推定し, それが閾値より大きいと spam, それ以外のとき spam でないと判定する.

- 通常のロジスティック回帰の閾値は 0.5
- 閾値を大きくすると, 全部 spam でない（negative）と判定（false positive が減り, precision が上がる）
- 閾値を小さくすると, 全部 spam（positive）と判定（false negative が減り, recall が上がる）
- f1 score はバランスをとる

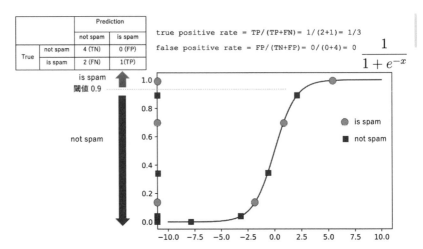

```
from yellowbrick.classifier import DiscriminationThreshold

visualizer = DiscriminationThreshold(logreg)

visualizer.fit(X, y)
visualizer.score(X, y)
visualizer.show();
```

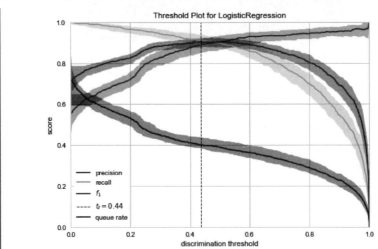

d.　ROC 曲線と AUC

　閾値を 1 から 0 に変えると，recall（true positive rate）が増加し，precision が減少する．*x* 軸に false positive rate，*y* 軸に true positive rate をとると，両方とも 1 に近づく

曲線になる．これを **ROC** （receiver operating characteristic；受信者操作特性) **曲線** と
よぶ.

　曲線の下の面積が **AUC** （area under the curve）という評価尺度になる．これは大き
いほど良い.

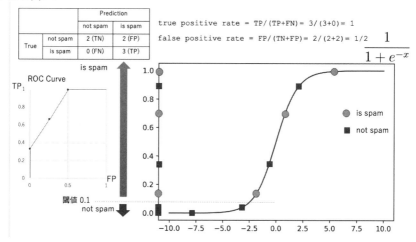

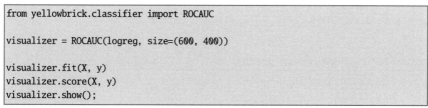

```
from yellowbrick.classifier import ROCAUC

visualizer = ROCAUC(logreg, size=(600, 400))

visualizer.fit(X, y)
visualizer.score(X, y)
visualizer.show();
```

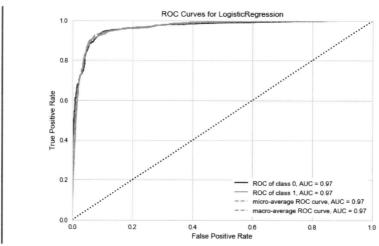

問題 182　（クレジットカード）

　以下のクレジットカードのデフォルトの判定データに対してロジスティック回帰を
行い，混合行列を描画せよ．

　default 列にデフォルトか否かの情報があり，他の列の情報を用いて分類せよ．

```
credit = pd.read_csv("http://logopt.com/data/credit.csv")
credit.head()
```

	limit	sex	edu	married	age	apr_delay	may_delay	jun_delay	jul_delay	aug_delay	...	jul_bill	aug_bill
0	20000	2	2	1	24	2	2	-1	-1	-2	...	0	0
1	120000	2	2	2	26	-1	2	0	0	0	...	3272	3455
2	90000	2	2	2	34	0	0	0	0	0	...	14331	14948
3	50000	2	2	1	37	0	0	0	0	0	...	28314	28959
4	50000	1	2	1	57	-1	0	-1	0	0	...	20940	19146 |↵

sep_bill	apr_pay	may_pay	jun_pay	jul_pay	aug_pay	sep_pay	default
0	0	689	0	0	0	0	1
3261	0	1000	1000	1000	0	2000	1
15549	1518	1500	1000	1000	1000	5000	0
29547	2000	2019	1200	1100	1069	1000	0
19131	2000	36681	10000	9000	689	679	0

問題 183　（部屋）

　以下の部屋が使われているか否かを判定するデータに対してロジスティック回帰を
行い，混合行列と ROC 曲線を描画せよ．

　occupancy 列が部屋が使われているか否かを表す情報であり，これを **datetime** 列以
外の情報から分類せよ．

```
occupancy = pd.read_csv("http://logopt.com/data/occupancy.csv")
occupancy.head()
```

	datetime	temperature	relative humidity	light	CO2	humidity	occupancy
0	2015-02-04 17:51:00	23.18	27.2720	426.0	721.25	0.004793	1
1	2015-02-04 17:51:59	23.15	27.2675	429.5	714.00	0.004783	1
2	2015-02-04 17:53:00	23.15	27.2450	426.0	713.50	0.004779	1
3	2015-02-04 17:54:00	23.15	27.2000	426.0	708.25	0.004772	1
4	2015-02-04 17:55:00	23.10	27.2000	426.0	704.50	0.004757	1

15.7　多クラス分類（アヤメ）

　上ではロジスティック回帰を用いた 2 値分類について考えた．ここでは，iris（アヤ
メ）のデータを用いて，3 種類以上の分類（これを多クラス分類とよぶ）を解説する．
　アヤメの例題では，4 つの花の特徴を用いて 3 つの種類に分類する．
　入力は長さ 4 のベクトル x であり，4×3 の重み行列 W に x を乗じることによって，
長さ 3 のベクトル $z = [z_1, z_2, z_3]$ を得る．重み W は分類がうまくいくように決めるパ
ラメータである．
　z_1, z_2, z_3 の各値を用いて，各クラス（アヤメの種類）が選択される確率を計算する．

これには，以下のソフトマックス関数を用いる．

$$p_j = \frac{e^{z_j}}{\displaystyle\sum_{k=1}^{3} e^{z_k}} \quad j = 1, 2, 3$$

ここで e は自然対数の底である．

分類は p_j が最も大きい j を選択することによって行われる．これをソフトマックス回帰とよぶ．ただし scikit-learn では，ロジスティック回帰と同じクラスを用いる．ソフトマックス回帰における費用関数は，以下のように定義される．

$$J(w) = \frac{1}{m} \sum_{i=1}^{m} Cost(h_w(x^{(i)}), y^{(i)})$$

$$Cost(h_w(x), y) = -\sum_{j=1}^{3} [y = j] \log \frac{e^{z_j}}{\displaystyle\sum_{k=1}^{3} e^{z_k}}$$

ここで，$[y = j]$ はデータ y の正解が j のとき 1，そうでないとき 0 の記号である．

以下ではアヤメのデータを用いてロジスティック（ソフトマックス）回帰を行い，3種類のアヤメを分類する．

```
import plotly.express as px

iris = px.data.iris()
iris.head()
```

	sepal_length	sepal_width	petal_length	petal_width	species	species_id
0	5.1	3.5	1.4	0.2	setosa	1
1	4.9	3.0	1.4	0.2	setosa	1
2	4.7	3.2	1.3	0.2	setosa	1
3	4.6	3.1	1.5	0.2	setosa	1
4	5.0	3.6	1.4	0.2	setosa	1

```
# 独立変数（特徴ベクトル）X
X = iris[["sepal_length", "sepal_width", "petal_length", "petal_width"]]
# 従属変数 y
y = iris["species_id"]
y.head()
```

```
0    1
1    1
2    1
3    1
4    1
Name: species_id, dtype: int64
```

- 手順 1: 分類するためのクラスをインポートして, インスタンスを生成する.
- 手順 2: fit メソッドを用いて, 訓練する.
- 手順 3: predict メソッドを用いて予測を行う.

```
from sklearn.linear_model import LogisticRegression  # ロジスティック回帰クラスの読
    み込み

logreg = LogisticRegression()  # インスタンスの生成
logreg.fit(X, y)  # 訓練
```

LogisticRegression()

```
logreg.predict([[3, 5, 4, 2]])  # 試しに予測
```

array([1])

■ 15.7.1　予測と実際の誤差を検証

元データ X を入れたときの予測 y_pred と本当の値 y を比較する.

metrics にある正解率を計算する関数 accuracy_score を利用すると簡単だ.

```
y_pred = logreg.predict(X)
```

```
from sklearn import metrics

print(metrics.accuracy_score(y, y_pred))
```

0.9733333333333334

■ 15.7.2　可視化

以下の 2 つの可視化を追加する.
- どの特徴が重要かを可視化する **RadViz**
- 重要と思われる 2 つの特徴に対して, ロジスティック回帰の分類がどのように行われたかを示す **DecisionViz** (決定の境界を示す)

2 値分類 (スパムの例) と同じ可視化も行う.
- 混合行列 (ConfusionMatrix)
- 分類レポート (ClassificationReport)
- ROC 曲線 (ROCAUC)

3 値以上の分類の場合には, 閾値を変化させる可視化はできない.

```
from yellowbrick.features import RadViz

visualizer = RadViz(
    classes=["Iris-setosa", "Iris-versicolor", "Iris-virginica"], size=(600, 400)
)

visualizer.fit(X, y)
visualizer.transform(X)
visualizer.show();
```

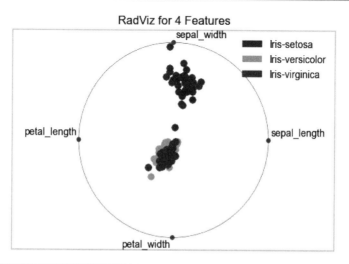

```
from sklearn.preprocessing import StandardScaler
from yellowbrick.contrib.classifier import DecisionViz

X = iris[["sepal_width", "petal_width"]]  # 2次元を切り出す
X = StandardScaler().fit_transform(X)  # 可視化のためにスケーリングしておく

viz = DecisionViz(
    logreg,
    features=["sepal_width", "petal_width"],
    classes=["Iris-setosa", "Iris-versicolor", "Iris-virginica"],
)
viz.fit(X, y)
viz.draw(X, y)
viz.show();
```

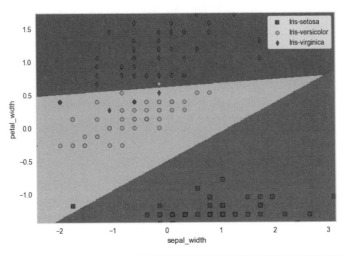

```
from yellowbrick.classifier import ClassificationReport

visualizer = ClassificationReport(logreg)

visualizer.fit(X, y)
visualizer.score(X, y)
visualizer.show();
```

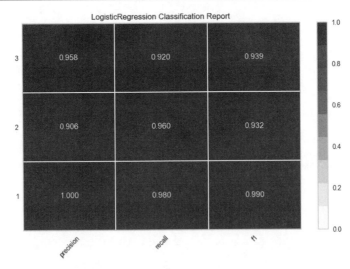

```
from yellowbrick.classifier import ConfusionMatrix

cm = ConfusionMatrix(logreg)
```

```
cm.fit(X, y)
cm.score(X, y)
cm.show();
```

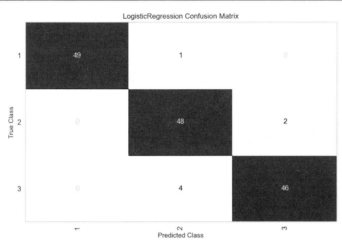

```
from yellowbrick.classifier import ROCAUC

visualizer = ROCAUC(logreg, size=(600, 400))

visualizer.fit(X, y)
visualizer.score(X, y)
visualizer.show();
```

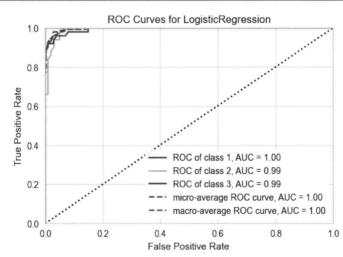

■ 15.7.3 例題: 毒キノコの判定

ここでは，データから毒キノコか否かを判定する．

target 列がターゲット（従属変数）であり，**edible** が食用，**poisonous** が毒である．

他の列のデータもすべて数値ではない．ここでは，scikit-learn の **processing** を用いて，数値に変換してからロジスティック回帰により分類を行う．

```
mashroom = pd.read_csv("http://logopt.com/data/mashroom.csv")
mashroom.head()
```

	target	shape	surface	color
0	edible	convex	smooth	yellow
1	edible	bell	smooth	white
2	poisonous	convex	scaly	white
3	edible	convex	smooth	gray
4	edible	convex	scaly	yellow

```
mashroom.color.unique()
```

```
array(['yellow', 'white', 'gray', 'brown', 'red', 'pink', 'buff',
       'purple', 'cinnamon', 'green'], dtype=object)
```

```
X = mashroom.drop("target", axis=1)
y = mashroom.target
X
```

	shape	surface	color
0	convex	smooth	yellow
1	bell	smooth	white
2	convex	scaly	white
3	convex	smooth	gray
4	convex	scaly	yellow
...	...	...	...
8118	knobbed	smooth	brown
8119	convex	smooth	brown
8120	flat	smooth	brown
8121	knobbed	scaly	brown
8122	convex	smooth	brown

a. 前処理（preprocessing）

sklearn.preprocessing モジュールにある **LabelEncoder** クラスの **fit_transform** メソッドを用いてターゲット列を数値化する．

edible は 0 に，**poisonous** は 1 に変換されていることが分かる．

独立変数 X に対しては，**OrdinalEncoder** を用いる．これによって文字列データが数値に変換されていることが分かる．

なお，**OneHotEncoder** を使うと，ダイアモンドの例題でダミー変数に変換したのと同じことができる．

```
from sklearn.preprocessing import LabelEncoder

y = LabelEncoder().fit_transform(y)
y
```

```
array([0, 0, 1, ..., 0, 1, 0])
```

```
from sklearn.preprocessing import OrdinalEncoder, OneHotEncoder
#X = OneHotEncoder().fit_transform(X)
#X = OrdinalEncoder().fit_transform(X)
#print(X)
```

```
from sklearn.linear_model import LogisticRegression

logreg = LogisticRegression()
logreg.fit(X, y)
```

```
LogisticRegression()
```

```
from yellowbrick.classifier import ConfusionMatrix

cm = ConfusionMatrix(logreg, classes=["edible", "poisonous"])

cm.fit(X, y)
cm.score(X, y)
cm.show();
```

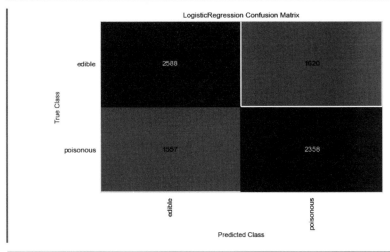

```
from yellowbrick.classifier import ClassificationReport
```

```
visualizer = ClassificationReport(logreg)

visualizer.fit(X, y)
visualizer.score(X, y)
visualizer.show();
```

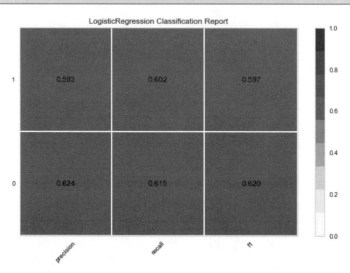

```
from yellowbrick.classifier import DiscriminationThreshold

visualizer = DiscriminationThreshold(logreg)

visualizer.fit(X, y)
visualizer.score(X, y)
visualizer.show();
```

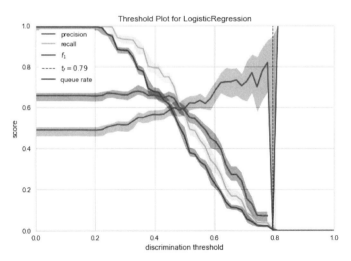

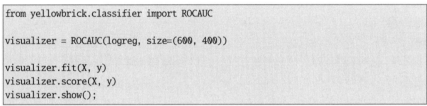

```python
from yellowbrick.classifier import ROCAUC

visualizer = ROCAUC(logreg, size=(600, 400))

visualizer.fit(X, y)
visualizer.score(X, y)
visualizer.show();
```

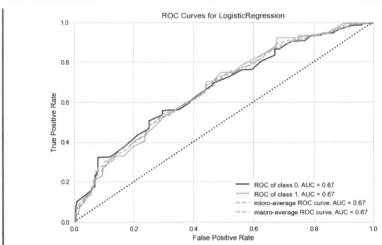

問題 184 （タイタニック）

　titanic データに対してロジスティック回帰を行い，死亡確率の推定を行え．また，混

合行列と ROC 曲線を描画せよ.

（ヒント: このデータは欠損値を含んでいる. pandas のところで学んだ欠損値処理を参照せよ）

　非数値の（カテゴリー）データをどのように数値化するかには色々な方法がある. 自分で色々工夫せよ.

```
titanic = pd.read_csv("http://logopt.com/data/titanic.csv")
titanic.head()
```

	PassengerId	Survived	Pclass	Name	Sex	Age	SibSp	Parch
0	1	0	3	Braund, Mr. Owen Harris	male	22.0	1	0
1	2	1	1	Cumings, Mrs. John Bradley (Florence Briggs Th...	female	38.0	1	0
2	3	1	3	Heikkinen, Miss. Laina	female	26.0	0	0
3	4	1	1	Futrelle, Mrs. Jacques Heath (Lily May Peel)	female	35.0	1	0
4	5	0	3	Allen, Mr. William Henry	male	35.0	0	0	↵

	Ticket	Fare	Cabin	Embarked
	A/5 21171	7.2500	NaN	S
	PC 17599	71.2833	C85	C
	STON/O2. 3101282	7.9250	NaN	S
	113803	53.1000	C123	S
	373450	8.0500	NaN	S

問題 185 （胸部癌）

　http://logopt.com/data/cancer.csv にある胸部癌か否かを判定するデータセットを用いて分類を行え.

　最初の列 **diagnosis** が癌か否かを表すものであり, "M"が悪性（malignant）, "B"が良性（benign）を表す.

```
cancer = pd.read_csv("http://logopt.com/data/cancer.csv", index_col=0)
cancer.head().T  # 横長なので転置して表示する.
```

id	842302	842517	84300903	84348301	84358402
diagnosis	M	M	M	M	M
radius_mean	17.99	20.57	19.69	11.42	20.29
texture_mean	10.38	17.77	21.25	20.38	14.34
perimeter_mean	122.8	132.9	130	77.58	135.1
area_mean	1001	1326	1203	386.1	1297
smoothness_mean	0.1184	0.08474	0.1096	0.1425	0.1003
compactness_mean	0.2776	0.07864	0.1599	0.2839	0.1328
concavity_mean	0.3001	0.0869	0.1974	0.2414	0.198
concave points_mean	0.1471	0.07017	0.1279	0.1052	0.1043
symmetry_mean	0.2419	0.1812	0.2069	0.2597	0.1809
:					
radius_worst	25.38	24.99	23.57	14.91	22.54
texture_worst	17.33	23.41	25.53	26.5	16.67
perimeter_worst	184.6	158.8	152.5	98.87	152.2
area_worst	2019	1956	1709	567.7	1575
smoothness_worst	0.1622	0.1238	0.1444	0.2098	0.1374
compactness_worst	0.6656	0.1866	0.4245	0.8663	0.205
concavity_worst	0.7119	0.2416	0.4504	0.6869	0.4
concave points_worst	0.2654	0.186	0.243	0.2575	0.1625
symmetry_worst	0.4601	0.275	0.3613	0.6638	0.2364
fractal_dimension_worst	0.1189	0.08902	0.08758	0.173	0.07678

15.8　K 近傍法による分類と可視化

4 種類のフルーツを重量と色で分類する.

フルーツは数値だが,順に "apple", "mandarin","orange","lemon" を表す.

K 近傍法とは,(X の空間で)データに近い K 個のデータの値(y)の多数決で分類を行う最も簡単な分類手法である.

以下のようにしてクラスをインポートできる.

```
from sklearn.neighbors import KNeighborsClassifier
```

クラス **KNeighborsClassifier** は引数 **n_neighbors** でパラメータ K を設定できる.

K を色々変えて実験せよ(以下では K = 3 の結果を示す).

```
fruit = pd.read_csv("http://logopt.com/data/fruit_simple.csv")
fruit.head()
```

	fruit_label	mass	color_score
0	1	192	0.55
1	1	180	0.59
2	1	176	0.60
3	2	86	0.80
4	2	84	0.79

```
from sklearn.preprocessing import StandardScaler
from sklearn.neighbors import KNeighborsClassifier
from yellowbrick.contrib.classifier import DecisionViz

X = fruit.drop("fruit_label", axis=1)
y = fruit.fruit_label
X = StandardScaler().fit_transform(X)   # 可視化のためにスケーリングしておく

knn = KNeighborsClassifier(3)
knn.fit(X, y)   # 訓練
y_pred = knn.predict(X)

print("正解率=", metrics.accuracy_score(y, y_pred))

viz = DecisionViz(
    knn,
    title="Nearest Neighbors",
    features=["mass", "color score"],
    classes=["apple", "mandarin", "orange", "lemon"],
)
viz.fit(X, y)
viz.draw(X, y)
viz.show();
```

正解率= 0.9322033898305084

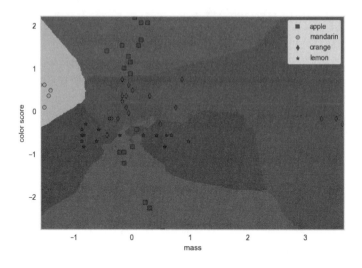

問題 186 （アヤメ）

iris データに対して，K 近傍法で元データを予測したしたときの正解率を計算せよ．
パラメータ K（近傍の数）が 5 のときはどうか？ また，パラメータ K が 1 のときはど
うか？ また，DecisionViz を用いた可視化も行え．
（注意: DecisionViz による可視化は 2 次元データではないので，そのままではできな
い．適当な特徴ベクトルを切り出してから可視化を行え）

15.9 多項式回帰

回帰や分類を行う際に予測誤差が小さい方が望ましいことは言うまでもない．しか
し，予測誤差を小さくするために変数（特性）を増やしすぎると，トレーニングデー
タに適合しすぎて，実際のデータに対して良い結果を出さない**過剰適合**（overfitting；
過学習）が発生してしまう．

たとえば，線形回帰の仮説関数として以下のような x に対する多項式関数を考える．

$$h_w(x) = w_0 + w_1 x_1 + w_2 x_2 + \cdots + w_n x_n + w_{n+1} x_1^2 + w_{n+2} x_2^2 + \cdots + w_{2n} x_n^2 + w_{2n+1} x_1^3 + w_{2n+2}$$
$$x_2^3 + \cdots + w_{3n} x_n^3$$

この関数は重み w に対する線形関数であるので，（特性の数は 3 倍になるが）線形回帰
と同じように最適な重みを計算することができる．ちなみに，このような回帰を**多項**

式回帰（polynomial regression）とよぶ．一般に高次の多項式回帰でトレーニングデータの数が少ない場合には，過剰適合が発生する．

宣伝の効果のデータを用いて多項式回帰を行う．

pandas で 2 次の項（たとえばテレビとラジオの相乗効果の列なら TV*Radio）を生成してから，線形回帰を行う．

```python
data = pd.read_csv("http://logopt.com/data/Advertising.csv", index_col=0)
data["TV*Radio"] = data.TV * data.Radio
data["TV*Newspaper"] = data.TV * data.Newspaper
data["Radio*Newspaper"] = data.Radio * data.Newspaper
data.head()
```

	TV	Radio	Newspaper	Sales	TV*Radio	TV*Newspaper	Radio*Newspaper
1	230.1	37.8	69.2	22.1	8697.78	15922.92	2615.76
2	44.5	39.3	45.1	10.4	1748.85	2006.95	1772.43
3	17.2	45.9	69.3	9.3	789.48	1191.96	3180.87
4	151.5	41.3	58.5	18.5	6256.95	8862.75	2416.05
5	180.8	10.8	58.4	12.9	1952.64	10558.72	630.72

```python
X = data[["TV", "Radio", "Newspaper", "TV*Radio", "TV*Newspaper", "Radio*Newspaper"
    ]]
y = data["Sales"]
```

```python
from sklearn.linear_model import LinearRegression  # クラスのインポート

lin_reg = LinearRegression()  # 線形回帰クラスのインスタンス生成
lin_reg.fit(X, y)  # 訓練
yhat = lin_reg.predict(X)  # 予測
print(lin_reg.score(X, y))  # 決定係数    （線形回帰だと R^2は 0.897210638179
```

```
0.968631106625557
```

```python
print("y-切片= ", lin_reg.intercept_)
print("係数 = ", lin_reg.coef_)
```

```
y-切片=  6.460158489941875
係数 =  [ 2.03270962e-02  2.29291894e-02  1.70339370e-02  1.13928001e-03
 -7.97143541e-05 -1.09597607e-04]
```

15.10 トレーニングデータとテスト（検証）データ

元データ（トレーニングデータ）を入れてテストをすることは推奨されない．$K\,(=1)$ 近傍法を適用したときのように，過剰適合してしまうからである．

これを避けるための一番簡単な方法は，トレーニングデータとテストデータを分け

ることである．train_test_split 関数を使うと簡単にできる．

例として Boston の住宅データの予測を行う．

medv が住宅の価格で，他のデータ（犯罪率や人口など）から予測する．

```
boston = pd.read_csv("http://logopt.com/data/Boston.csv", index_col=0)
boston.head()
```

	crim	zn	indus	chas	nox	rm	age	dis	rad	tax	ptratio	black	lstat	medv
1	0.00632	18.0	2.31	0	0.538	6.575	65.2	4.0900	1	296	15.3	396.90	4.98	24.0
2	0.02731	0.0	7.07	0	0.469	6.421	78.9	4.9671	2	242	17.8	396.90	9.14	21.6
3	0.02729	0.0	7.07	0	0.469	7.185	61.1	4.9671	2	242	17.8	392.83	4.03	34.7
4	0.03237	0.0	2.18	0	0.458	6.998	45.8	6.0622	3	222	18.7	394.63	2.94	33.4
5	0.06905	0.0	2.18	0	0.458	7.147	54.2	6.0622	3	222	18.7	396.90	5.33	36.2

```
X = boston.drop("medv", axis=1)  # 最後の列以外のデータを独立変数（特徴ベクトル）と
    して抽出
y = boston.medv  # 最後の列（medv）を従属変数として抽出
```

```
from sklearn.model_selection import train_test_split

X_train, X_test, y_train, y_test = train_test_split(
    X, y, test_size=0.3
)  # 30%のデータをテスト用，それ以外をトレーニング用に分離
```

```
from sklearn.linear_model import LinearRegression  # クラスのインポート

reg = LinearRegression()  # 線形回帰クラスのインスタンス生成
reg.fit(X_train, y_train)  # 訓練
yhat = reg.predict(X_test)  # 予測
print(reg.score(X_test, y_test))  # 決定係数
```

```
0.7083791159059347
```

残差プロットを描画すると，トレーニングデータとテストデータに色分けして表示される．

```
from yellowbrick.regressor import ResidualsPlot

visualizer = ResidualsPlot(reg)

visualizer.fit(X_train, y_train)
visualizer.score(X_test, y_test)
visualizer.show();
```

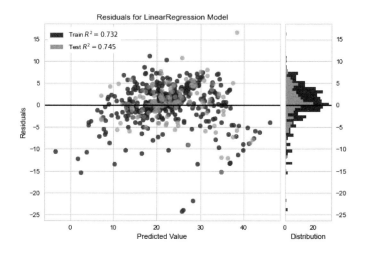

Residuals for LinearRegression Model

15.11 リッジ回帰

過剰適合を避けるための方法として**正則化**（regulalization）がある.

正則化を追加した線形回帰は，**リッジ回帰**（ridge regression）とよばれる.

正則化のアイディアは単純であり，重み w を小さくするような項を費用関数に追加するだけである.

線形回帰の場合には，以下の費用関数を用いる.

$$J(w) = \frac{1}{2m}\left[\sum_{i=1}^{m}\left(h_w(x^{(i)}) - y^{(i)}\right)^2 + \lambda\sum_{j=1}^{n} w_j^2\right]$$

追加された2項目が重みを小さくし，これによって過剰適合が軽減される. パラメータ λ は**正則化パラメータ**（regularization parameter）とよばれ，誤差と過剰適合のトレードオフをとるために用いられる. λ が小さいときには，誤差は少なくなるが過剰適合の危険性が増大する. 逆に λ を大きくすると，誤差は大きくなり，過剰適合は回避される傾向になる.

パラメータ λ はリッジ回帰クラス Ridge では引数 alpha で与える.

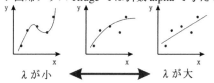

λが小 ⟷ λが大

```
from sklearn.linear_model import Ridge  # クラスのインポート

reg = Ridge(alpha=10.0)  # リッジ回帰クラスのインスタンス生成
reg.fit(X_train, y_train)  # 訓練
yhat = reg.predict(X_test)  # 予測
print(reg.score(X_test, y_test))  # 決定係数
```

0.7434165157088346

最も良い正則化パラメータ alpha を求める.

後述する交差検証を使い，yellowbrick の **AlphaSelection** で可視化する.

```
from sklearn.linear_model import RidgeCV
from yellowbrick.regressor import AlphaSelection
import numpy as np

alphas = np.logspace(-100, -1, 400)
model = RidgeCV(alphas=alphas)
visualizer = AlphaSelection(model)
visualizer.fit(X, y)
visualizer.show();
```

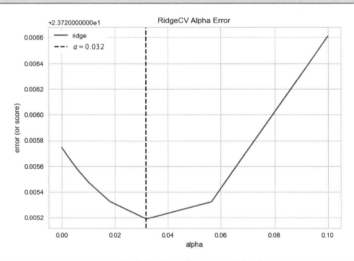

```
reg = Ridge(alpha=0.032)  # リッジ回帰クラスのインスタンス生成
reg.fit(X_train, y_train)  # 訓練
yhat = reg.predict(X_test)  # 予測
print(reg.score(X_test, y_test))  # 決定係数
```

0.7456413132421997

問題 187　（アヤメ，タイタニック，ダイアモンド）

1) iris データをトレーニング用とテスト用に分けてから，ロジスティック回帰による分類を行い，正解率を計算せよ．

2) titanic データトレーニング用とテスト用に分けてから，ロジスティック回帰による分類を行い，正解率を計算せよ．

3) 例題 2 で用いたダイアモンドの価格データ http://logopt.com/data/Diamond. csv に対して線形回帰とリッジ回帰による予測を行え．また，トレーニング用とテスト用に分けて決定係数 R^2 を計算し，評価せよ．ただしリッジ回帰の正則化パラメータは 0.03 と設定せよ．

15.12　カーネルと SVM（Support Vector Machine）

分類のための手法の 1 つである **SVM**（Support Vector Machine：サポートベクトルマシン）について述べる．

SVM はロジスティック回帰を計算しやすいように近似したものと考えることができる．

ロジスティック回帰における費用関数

$$\text{Cost}(h_w(x), y) = \begin{cases} -\log(h_w(x)) & y = 1 \\ -\log(1 - h_w(x)) & y = 0 \end{cases}$$

は

$$\text{Cost}(h_w(x), y) = -y \log(h_w(x)) - (1 - y) \log(1 - h_w(x))$$

と書き直すことができる．

ロジスティック回帰の仮説関数 $h_w(x)$ は，$z = w_0 + w_1 x_1 + w_2 x_2 + \cdots + w_n x_n$ とおいたときに

$$h_w(x) = g(z) = \frac{1}{1 + e^{-z}}$$

であったことを思い起こすと，費用関数は

$$\text{Cost}(h_w(x), y) = -y \log \frac{1}{1 + e^{-z}} - (1 - y) \log \left(1 - \frac{1}{1 + e^{-z}}\right)$$

となる．

$y = 1$ のときの費用関数は第 1 項目だけになるので，

$$-\log \frac{1}{1 + e^{-z}}$$

となる．これは z が大きくなると 0 に近づく曲線である（グラフを見たい場合には，Google で-log(1/(1+e^-x)) と検索する）．これを $z \geq 1$ のとき 0 となる区分的線形関数 $cost_1(z)$ で近似する．

$y = 0$ のときも同様に第 2 項

$$- \log \left(1 - \frac{1}{1 + e^{-z}} \right)$$

は，z が小さくなると 0 に近づく曲線となるので，$z \leq -1$ のときに 0 になる区分的線形関数 $cost_0(z)$ で近似する．これに正則化パラメータを加えたものが SVM の費用関数 $J(w)$ になる．

$$J(w) = C \sum_{i=1}^{m} \left[y^{(i)} cost_1(w^T x^{(i)}) + (1 - y^{(i)}) cost_0(w^T x^{(i)}) \right] + \frac{1}{2} \sum_{j=1}^{m} w_j^2$$

ここで C は正則化パラメータを λ としたとき $1/2\lambda$ に相当するパラメータである．λ のかわりに C を用いるのは歴史的な理由に基づく慣例であり，特に意味はない．

パラメータ C を大きく設定することは正則化パラメータ λ を小さく設定することに相当するので，誤差は小さくなるが過剰適合の危険性が高まり，C を小さくするとその逆になる．

仮説関数を用いて実際の分類を行うためには，$w_0 + w_1 x_1 + w_2 x_2 + \cdots + w_n x_n \geq 0$ のときには $y = 1$ と予測し，それ以外のときには $y = 0$ と予測すれば良い．

費用関数 $J(w)$ の第 1 項が 0 の場合には，$y^{(i)} = 1$ なら $w^T x^{(i)} \geq 1$ かつ $y^{(i)} = 0$ なら $w^T x^{(i)} \leq -1$ になる必要がある．このことから，データが直線で 2 つのクラスに分類可能な場合には，SVM の決定境界は，1, -1 の幅をもたせた境界になることが言える．

次に，**カーネル**（kernel）の概念を用いた SVM を解説する．これは，決定境界が非線形になる場合にも適用可能な手法である．もちろん，x に対する多項式を作成してからロジスティック回帰を適用しても良いのだが，非線形性が強い場合には高次の多項式が必要になり，それは計算量の増大をもたらす．以下では，カーネルの中でも非線形な場合に適用可能で計算量的にも優秀な **Gauss カーネル関数**（Gaussian kernel function）を紹介する．

トレーニングデータの空間にランドマークとよばれる点列 $\ell^{(1)}, \ell^{(2)}, \ldots, \ell^{(k)}$ が与えられているものとする（設定法については後述する）．このとき特性ベクトル $x = (x_1, x_2, \ldots, x_n)$ とランドマーク $\ell^{(i)}$ の「近さ」を表す尺度として以下の Gauss カーネル関数を用いる．

$$f_i = \exp\left(-\frac{\displaystyle\sum_{j=1}^{n}(x_j - \ell_j^{(i)})^2}{2\sigma^2}\right) = \exp\left(-\frac{\|x - \ell^{(i)}\|}{2\sigma^2}\right)$$

ここで $\|\cdot\|$ はベクトルのノルムを表す．この関数は x がランドマーク $\ell^{(i)}$ に近づくと 1 になり，遠ざかると 0 になる多次元正規（Gauss）分布のような形状をとる．これが Gauss カーネルとよばれる所以である．σ は正規分布の標準偏差に対応するパラメータであり，σ が小さくなると分布が $\ell^{(i)}$ の周りに集中し，逆に σ が大きくなると裾野が広がる．

仮説関数は，カーネルを用いて計算された f_i と重み w の線形関数として，以下のように定義する．

$$h_w(x) = w_0 + w_1 f_1 + w_2 f_2 + \cdots + w_k f_k$$

つまり，元の変数 x をそのまま特性ベクトルとして用いるのではなく，$f = (f_1, f_2, \ldots, f_k)$ を特性ベクトルとして予測を行う訳である．これは多次元正規分布を重ね合わせたような分布になるので，非線形な決定境界をうまく表現できることが期待できる．

ランドマーク $\ell^{(i)}$ としては，トレーニング集合の要素 $x^{(i)}$ を用いる．すなわち，トレーニングデータ $x^{(i)}, y^{(i)} (i = 1, 2, \ldots, m)$ に対して $\ell^{(i)} = x^{(i)}$ と設定するのである．このとき，トレーニングデータ $x^{(i)}$ に対する特性ベクトル $f^{(i)} = (f_0^{(i)}, f_1^{(i)}, \ldots, f_m^{(i)})^T$ は，各ランドマークへの近さを表すベクトルとして，

$$f_0^{(i)} = 1$$
$$f_1^{(i)} = \exp\left(-\frac{\|x^{(i)} - \ell^{(1)}\|}{2\sigma^2}\right)$$
$$\vdots$$
$$f_i^{(i)} = \exp\left(-\frac{\|x^{(i)} - \ell^{(i)}\|}{2\sigma^2}\right) = \exp(0) = 1$$
$$\vdots$$
$$f_m^{(i)} = \exp\left(-\frac{\|x^{(i)} - \ell^{(m)}\|}{2\sigma^2}\right)$$

と計算される $m + 1$ 次元ベクトルである．ここで $f_0^{(i)}$ はランドマークに依存しない定数項を表す（線形回帰における y-切片を表す）パラメータであり，常に 1 に設定しておく．これは元のトレーニングデータである n 次元ベクトル $x^{(i)}$ の空間から m 次元の特性ベクトル $f^{(i)}$ の空間に射影したものと考えられる．

費用関数 $J(w)$ は，ランドマークに対する重みベクトル $w = (w_0, w_1, \ldots, w_m)$ の関数として，

$$J(w) = C \sum_{i=1}^{m} \left[y^{(i)} cost_1(w^T f^{(i)}) + (1 - y^{(i)}) cost_0(w^T f^{(i)}) \right] + \frac{1}{2} \sum_{j=0}^{m} w_j^2$$

となる．2 項目の $\sum_{j=0}^{m} w_j^2$ は正則化項を表し，ベクトル表記すると $w^T w$ となる．これはカーネルによって定まる行列 M を用いて $w^T M w$ とする場合もある．仮説関数を用いて実際の分類を行うためには，$w^T f \geq 0$ のときには $y = 1$ と予測し，それ以外のときには $y = 0$ と予測すれば良い．

前節と同様に，パラメータ C を大きく設定すると誤差は小さくなるが過剰適合の危険性が高まり，C を小さくするとその逆になる．パラメータ σ を小さくするとカーネルはランドマークの周辺に集中するので，誤差は小さくなるが，一方では過剰適合の危険性が高まり，σ を大きくするとその逆になる．

元の特性ベクトルの数 n がトレーニングデータの数 m に対して小さいときには，決定境界の非線形性が強いことが予想されるので，Gauss カーネルを用いた SVM が有効になる．ただし計算量はそこそこかかるので，m が非常に大きいときには，特性ベクトルの数 n を増やしてから比較的高速なロジスティクス回帰や線形カーネルを用いた SVM を用いた方が良い．

カーネルはクラス **SVC**（Support Vector Classifier）の引数 **kernel** で与える．

Gauss カーネル（引数は rbf）を用いると非線形な境界をもつ問題に対しても，分類が可能になる．

iris データで試してみよう．

```python
import plotly.express as px

iris = px.data.iris()
# 独立変数（特徴ベクトル）X
X = iris[["sepal_length", "sepal_width", "petal_length", "petal_width"]]
# 従属変数 y
y = iris["species_id"]
from sklearn.model_selection import train_test_split

X_train, X_test, y_train, y_test = train_test_split(X, y, test_size=0.3)
```

```python
from sklearn.svm import SVC  # クラスのインポート

svc = SVC(kernel="rbf", gamma="scale")  # インスタンス生成
svc.fit(X_train, y_train)  # 訓練
yhat = svc.predict(X_test)  # 予測
from sklearn import metrics
```

```
print(metrics.accuracy_score(y_test, yhat))
```

```
0.9333333333333333
```

```
from yellowbrick.classifier import ClassificationReport

visualizer = ClassificationReport(svc)

visualizer.fit(X_train, y_train)
visualizer.score(X_test, y_test)
visualizer.show();
```

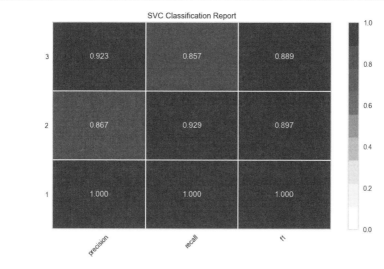

```
from yellowbrick.classifier import ConfusionMatrix

cm = ConfusionMatrix(svc)

cm.fit(X_train, y_train)
cm.score(X_test, y_test)
cm.show();
```

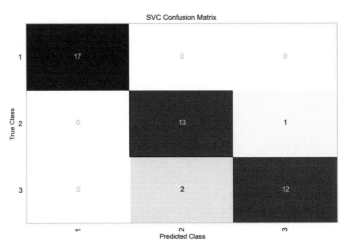

```
from yellowbrick.classifier import ROCAUC

visualizer = ROCAUC(svc, size=(600, 400))

visualizer.fit(X_train, y_train)
visualizer.score(X_test, y_test)
visualizer.show();
```

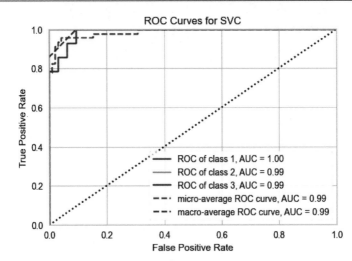

```
from sklearn.preprocessing import StandardScaler
from sklearn.neighbors import KNeighborsClassifier
from yellowbrick.contrib.classifier import DecisionViz
```

```
X = iris[["sepal_width", "petal_width"]]  # 2次元を切り出す
X = StandardScaler().fit_transform(X)  # 可視化のためにスケーリングしておく

viz = DecisionViz(
    svc,
    features=["sepal_width", "petal_width"],
    classes=["Iris-setosa", "Iris-versicolor", "Iris-virginica"],
)
viz.fit(X, y)
viz.draw(X, y)
viz.show();
```

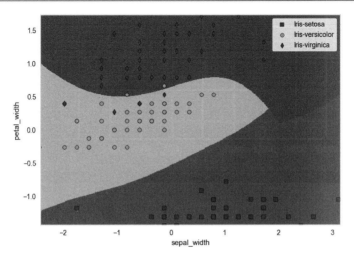

15.13 仮説の評価（交差検証）

　トレーニングデータだけを用いて訓練すると，他のデータに対して役に立たない危険性がある．このような過剰適合を避けるためには，特徴の数を減らしたり，正則化パラメータを調整したりする方法があるが，ここではどのモデルを採用すれば良いかを評価するための方法論について述べる．

　学習した仮説関数が正しいかどうかを検証するための基本は，データを分けることである．最も簡単なのは，トレーニングデータとテストデータの2つに分け，訓練（費用関数を最小化する重み w の決定）はトレーニングデータで行い，評価（正解データとの誤差を計算）はテストデータで行う方法である．

　データの数が足りない場合には，トレーニングデータとテストデータを入れ替えて行う方法が行われる．これを **交差検証** （cross validation）とよぶ．

　上で用いたサポートベクトル分類 svc のインスタンスで試してみる．引数の **cv** は交差検証の分割数であり，引数の **scoring="accuracy"** は評価尺度を正解率に設定している（回帰分析のときには，引数を決定変数 **"r2"** や最大誤差 **"max_error"** などに設定する）．

　以下ではデータを 10 に分割し，そのうちの 1 つをテストデータ（残りをトレーニングデータ）として 10 個の正解率を計算し，その平均値を出している．

```
from sklearn.model_selection import cross_val_score

scores = cross_val_score(svc, X, y, cv=10, scoring="accuracy")
print(scores)
print(scores.mean())
```

```
[1.         1.         1.         0.93333333 0.93333333 0.86666667
 0.8        1.         0.93333333 1.        ]
0.9466666666666667
```

15.14 ニューラルネット

　ここでは，古典的なニューラルネットを機械学習の観点から解説する．

　ニューラルネットワークは脳の動きを模した極めて単純な構造から構成される．基本となるのは，ロジスティック回帰の仮説関数 $h_w(x)$ である．これは，入力ベクトル $x = (x_1, x_2, \ldots, x_n)$ を出力 $h_w(x)$ に変換する．

$$h_w(x) = g(w_0 + w_1 x_1 + w_2 x_2 + \cdots + w_n x_n)$$

これは，入力ベクトルに行列を乗じた後に，非線形変換 $g(z)$ をしているだけである．ここで $g(z)$ は，活性化関数（activation function）とよばれる関数であり，通常は非線形関数を用いる．

　代表的な活性化関数を以下に示す．

- ロジスティック（シグモイド）関数 σ: 値域は $(0, 1)$

$$\frac{1}{1 + e^{-z}}$$

- ReLU(rectified linear unit) $(x)^+$: 値域は $[0, \infty]$

$$\max(0, z)$$

- tanh (hyperbolic tangent): 値域は $(-1, 1)$

$$\frac{e^z - e^{-z}}{e^z + e^{-z}}$$

ニューラルネットワークでは，上の機構で入力を出力に変換する点を，複数の層に並べることによって学習を行う．線形関数の重み w は枝上に定義されており，左端の 1 層目に入力 x を与えることで計算された出力が 2 層目の入力となり，2 層目の出力が 3 層目の入力になる．最後の（右端の）層の出力が y となる．このように計算を行う関数が，ニューラルネットワークの仮説関数となる．

分類を例としてニューラルネットワークの学習（重みの最適化）を考える．トレーニングデータの集合を $x^{(i)}, y^{(i)} (i = 1, 2, \ldots, m)$ とする．各層 $\ell (= 1, 2, \ldots, L)$ における点の数を s_ℓ と記す．

$y = 0, 1$ に分類する場合には最後の層 L は 1 つの点を含む（すなわち $s_L = 1$ になる）．K 個のクラスに分類する場合には，最後の層 L は K 個の点を含む（すなわち $s_L = K$ になる）．

2 つのクラスへの分類 $(y = 0, 1)$ のときの費用関数は，ロジスティック回帰と同様に，

$$J(w) = \frac{1}{m}\left[\sum_{i=1}^{m} y^{(i)} \log h_w(x^{(i)}) + (1 - y^{(i)}) \log(1 - h_w(x^{(i)}))\right] + \frac{\lambda}{m}\sum_{\ell=1}^{L-1}\sum_{i=1}^{s_\ell}\sum_{j=1}^{s_{\ell+1}}(w_{ji}^{(\ell)})^2$$

と書くことができる．ここで $h_w(x^{(i)})$ はトレーニングデータ $x^{(i)}$ に対する最後の層の出力であり，$w_{ji}^{(\ell)}$ は第 ℓ 層の点 i から第 $\ell + 1$ 層の点 j への枝上の重みである．上の費用関数では，正則化のために，重みの自乗平均に正則化パラメータ λ を乗じたものを加えている．

費用関数 $J(w)$ を最小化するためには，費用関数の勾配ベクトルを計算する必要がある．ニューラルネットワークでは，**逆伝播**（backpropagation; バックプロパゲーション）とよばれる方法を用いて勾配を計算する．勾配を用いて費用関数の最小化を行うことができるが，ニューラルネットワークの場合には費用関数 $J(w)$ は非凸であり，局所的最適解に停留する可能性があることに注意する必要がある．

最近では，ニューラルネットは深層学習と進化し，ロジスティック関数以外の活性化関数が使われるようになり，実用化が進んでいる．深層学習は，`http://playground.tensorflow.org/` で体験することができる．

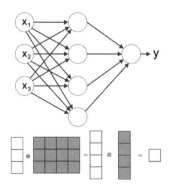

```
from sklearn.neural_network import MLPClassifier  # ニューラルネット

neural = MLPClassifier()
neural.fit(X_train, y_train)  # 訓練
yhat = neural.predict(X_test)  # 予測
print(metrics.accuracy_score(y_test, yhat))
scores = cross_val_score(neural, X, y, cv=10, scoring="accuracy")
print(scores)
print(scores.mean())
```

```
0.9777777777777777
[1.         0.93333333 1.         0.93333333 0.93333333 0.86666667
 0.86666667 1.         0.93333333 1.         ]
0.9466666666666667
```

15.15 単純 Bayes

　単純 Bayes（naive Bayes）は，名前の通り，高校で習う **Bayes の定理（規則）**（Bayes'
theorem; Bayes' rule）を用いた手法である．$P(X)$ を事象 X が起きる確率，$P(Y|X)$ を
事象 X が起きたもとで事象 Y が起きる確率としたとき，Bayes の定理は以下の式で表
される．

$$P(X)P(Y|X) = P(Y)P(X|Y)$$

分類の目的は，特性ベクトル x に対して出力が y になる確率 $P(y|x)$ を推定すること
であった．これは Bayes の定理を用いると，

$$P(y|x) = \frac{P(y)P(x|y)}{P(x)}$$

と計算できるので，我々の目的は $P(x|y)$ を推定することに置き換えられる．つまり，$y = 0, 1$ の各々に対して，トレーニングデータのしたがう分布 $p(x|y)$ を推定すれば良い．

いま，データは n 次元実数ベクトルであり，各成分 $j = 1, 2, \ldots, n$ は独立な正規（Gauss）分布にしたがっているものとする「単純な」仮定をする（これが単純 Bayes の名前の由来である）．

平均 μ，標準偏差 σ の正規分布 $N(\mu, \sigma^2)$ の密度関数を

$$p(x; \mu, \sigma^2) = \frac{1}{\sqrt{2\pi\sigma^2}} \exp\left(-\frac{(x-\mu)^2}{2\sigma^2}\right)$$

と記す．

y が 1 であるトレーニング集合を $\{x^{(1)}, x^{(2)}, \ldots, x^{(m)}\}$ とし，各 $j = 1, 2, \ldots, n$ に対して平均と分散を推定する．

$$\mu_j = \frac{1}{m} \sum_{i=1}^{m} x_j^{(i)}$$

$$\sigma_j^2 = \frac{1}{m} \sum_{i=1}^{m} (x_j^{(i)} - \mu_j)^2$$

1 式目は平均，2 式目は分散を表す．統計学者は不偏分散（$1/m$ のかわりに $1/(m-1)$）を用いる場合が多いが，機械学習では上の定義を用いる場合が多い．

成分ごとに独立な正規分布という仮定の下では，$y = 1$ に分類されるデータの密度関数は，正規分布の密度関数の積として

$$P(x|y=1) = \prod_{j=1}^{n} p(x_j; \mu_j, \sigma_j^2)$$

と書くことができる．同様に $y = 0$ に対しても $P(x|y=0)$ が計算できる．

これらの情報を用いることによって，（Bayes の定理を用いると）与えられたデータ x が $y = 1$ に分類される確率は，

$$P(y=1|x) = \frac{P(y=1)P(x|y=1)}{P(x)}$$

と計算できる．ここで分母の $P(x)$ も

$$P(x) = P(x|y=1)P(y=1) + P(x|y=0)P(y=0)$$

と計算できることに注意されたい．

単純 Bayes 法はデータがしたがう確率分布についての情報をもつ場合に有効であり，分類だけでなく不適合値の検出などの応用にも用いることができる．

```
from sklearn.naive_bayes import GaussianNB  # 単純Bayes

bayes = GaussianNB()
bayes.fit(X_train, y_train)  # 訓練
yhat = bayes.predict(X_test)  # 予測
print(metrics.accuracy_score(y_test, yhat))
scores = cross_val_score(bayes, X, y, cv=10, scoring="accuracy")
print(scores)
print(scores.mean())
```

```
0.9555555555555556
[1.         0.86666667 1.         0.93333333 0.93333333 0.86666667
 0.86666667 0.93333333 1.         1.        ]
0.9400000000000001
```

15.16 決定木

決定木（decision tree）は，回帰にも分類にも使えるが，ここでは分類を用いて解説する．決定木では，1つの特性に対する分岐によってトレーニング集合を分類していく．分岐の情報は，根付き木で表現される．決定木における仮説関数は，木の葉に対する出力の値の多数決をとったものである．どの特性を優先して分岐するかは，情報量（エントロピー）の増加が最大になるものを選択していく方法が一般的である．この手法は，結果の解釈が可能な点が利点であるが，過剰適合に陥りやすいのが弱点である．

```
from sklearn import tree

tree_class = tree.DecisionTreeClassifier()  # 決定木
tree_class.fit(X_train, y_train)  # 訓練
yhat = tree_class.predict(X_test)  # 予測
print(metrics.accuracy_score(y_test, yhat))
scores = cross_val_score(tree_class, X, y, cv=10, scoring="accuracy")
print(scores)
print(scores.mean())
```

```
0.9333333333333333
[0.93333333 0.93333333 1.         0.93333333 0.86666667 0.8
 0.8        1.         1.         1.        ]
0.9266666666666665
```

15.17 アンサンブル法

アンサンブル法（ensemble method）とは，複数のアルゴリズムを合わせることによって，より高精度の予測もしくは分類を得るためのメタアルゴリズムである．その基本原理は「ばらつきをもったデータを集約するとばらつきが減少する」という統計の公理であり，様々なデータや手法で得られた結果を，平均したり多数決したりすることによって，よりばらつきの少ない結果を得ようというものである．

バギング（bagging; bootstrap aggregating の略）は，**ブートストラップ**（bootstrap）とよばれるリサンプリング法によって複数のトレーニング集合を作成し，それらのデータを用いて作成したモデルを平均（回帰の場合）もしくは多数決（分類の場合）によって統合する方法である．

ブースティング（boosting）は，複数の手法の重み付けを学習によって調整する方法である．

ランダム森（random forest）は，決定木ベースのバギングである．

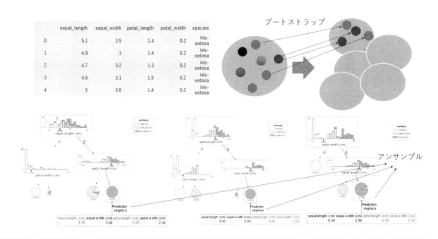

```
from sklearn.ensemble import RandomForestClassifier  # ランダム森

forest = RandomForestClassifier()
forest.fit(X_train, y_train)  # 訓練
yhat = forest.predict(X_test)  # 予測
print(metrics.accuracy_score(y_test, yhat))
scores = cross_val_score(forest, X, y, cv=10, scoring="accuracy")
print(scores)
print(scores.mean())
```

```
0.9555555555555556
[0.93333333 0.86666667 1.          0.93333333 0.86666667 0.8
 0.8        0.93333333 1.          1.         ]
0.9133333333333333
```

問題 188 （タイタニック）

titanic データをトレーニング用とテスト用に分けてから，ニューラルネット，単純 Bayes，決定木，ランダム森による分類を行い，交差検証を行え．

15.18 クラスタリング

UCI 機械学習レポジトリのワインに関するデータセットを用いてクラスタリングを解説する．

使用するのは **KMeans** クラスで実装されている k-平均法である．

k-平均法（k-means method）は，与えられたデータを k 個の部分集合（クラスター）に分けるための手法である．k-平均法は，クラスター数 k と n 次元実数ベクトル $x^{(i)} \in \mathbf{R}^n$ を要素とするトレーニング集合 $\{x^{(1)}, x^{(2)}, \ldots, x^{(m)}\}$ を与えたとき，k 個のクラスター（データの部分集合）の**重心**（centroid）$\mu_1, \mu_2, \ldots, \mu_k$ を（近似的に）求めることを目的とする．重心はクラスター内のデータの平均値をとることによって得られるので，この名前がついた．

アルゴリズムは単純である．まずランダムに重心 $\mu_1, \mu_2, \ldots, \mu_k \in \mathbf{R}^n$ を決める．次に，トレーニング集合内のデータを最も近い重心に割り当てることによってクラスターを決める．そして，各クラスターの重心を新しい重心として，重心が移動しなくなるまで，この操作を繰り返す．

k-平均法で対象とする問題は NP-困難であるので，このアルゴリズムは局所的最適解を求めるだけである．初期重心をランダムに変更して繰り返すことによって，より良い解を求めることができるが，大域的最適解を得られる保証はない．

データは http://logopt.com/data/wine.data にある．

列名は https://archive.ics.uci.edu/ml/datasets/Wine で解説されている．

以下では，k-平均法で 4 つのクラスターに分類する．

```
L = [
    "Alcohol",
    "Malic",
    "Ash",
    "Alcalinity",
    "Magnesium",
```

```
        "Phenols",
        "Flavanoids",
        "Nonflavanoid",
        "Proanthocyanins",
        "Color",
        "Hue",
        "OD280",
        "OD315",
        "Proline"
]
wine = pd.read_csv("http://logopt.com/data/wine.data", names=L)
wine.head()
```

	Alcohol	Malic	Ash	Alcalinity	Magnesium	Phenols	Flavanoids	Nonflavanoid	Proanthocyanins	Color	Hue	OD280
0	1 14.23	1.71	2.43	15.6	127	2.80	3.06	0.28	2.29	5.64	1.04
1	1 13.20	1.78	2.14	11.2	100	2.65	2.76	0.26	1.28	4.38	1.05
2	1 13.16	2.36	2.67	18.6	101	2.80	3.24	0.30	2.81	5.68	1.03
3	1 14.37	1.95	2.50	16.8	113	3.85	3.49	0.24	2.18	7.80	0.86
4	1 13.24	2.59	2.87	21.0	118	2.80	2.69	0.39	1.82	4.32	1.04

OD315	Proline
3.92	1065
3.40	1050
3.17	1185
3.45	1480
2.93	735

```
from sklearn.cluster import KMeans  # クラスをインポート

kmeans = KMeans(n_clusters=4)  # インスタンス生成
kmeans.fit(wine);  # 訓練
```

```
wine["label"] = kmeans.labels_
wine.head()
```

	Alcohol	Malic	Ash	Alcalinity	Magnesium	Phenols	Flavanoids	Nonflavanoid	Proanthocyanins	Color	Hue	OD280
0	1 14.23	1.71	2.43	15.6	127	2.80	3.06	0.28	2.29	5.64	1.04
1	1 13.20	1.78	2.14	11.2	100	2.65	2.76	0.26	1.28	4.38	1.05
2	1 13.16	2.36	2.67	18.6	101	2.80	3.24	0.30	2.81	5.68	1.03
3	1 14.37	1.95	2.50	16.8	113	3.85	3.49	0.24	2.18	7.80	0.86
4	1 13.24	2.59	2.87	21.0	118	2.80	2.69	0.39	1.82	4.32	1.04 ↵

OD315	Proline	label
3.92	1065	3
3.40	1050	3
3.17	1185	1
3.45	1480	1
2.93	735	2

■ 15.18.1 パラメータ k の適正化 (エルボー法)

上では4つのクラスターに分けたが，幾つに分けるかはデータに依存する．目安に
なる方法としてエルボー法がある．yellowbrick パッケージの KElbowVisualizer クラス
を用いて可視化する．クラスの引数の k で調べる k の範囲を指定する．以下では，2
から 12 の範囲で k-平均法を適用し，結果をプロットしている．評価尺度（重心への
距離の和）が k の増加とともに減少するが，それが減少が緩やかになった k が適正な
クラスター数であると考える．

この図が肘（エルボー）を曲げたように見えることからエルボー法とよばれる.

```
from yellowbrick.cluster import KElbowVisualizer

visualizer = KElbowVisualizer(kmeans, k=(2, 12))
visualizer.fit(wine)
visualizer.show();
```

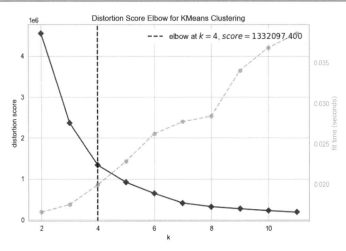

■ 15.18.2　クラスター間距離の可視化

　4 つのクラスターに分けたときのクラスターの大きさとクラスター間の距離を yellowbrick パッケージの InterclusterDistance クラスを用いて可視化する. 以下の図から, 大きなクラスター 2 つは近い関係にあり, 最小のクラスターは他から遠いことが分かる.

```
from yellowbrick.cluster import InterclusterDistance

kmeans = KMeans(n_clusters=4, random_state=123)
visualizer = InterclusterDistance(kmeans)
visualizer.fit(wine)
visualizer.show();
```

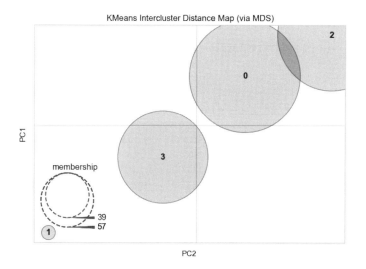

問題 189 （アヤメ）

iris のデータセットの各データを k-平均法を用いて 3 つのクラスターに分けよ.

15.19 次元削減

　ここでは，高次元のデータを低次元に変換するための方法について学ぶ.

　多くの機械学習の実際問題は多次元データである. これを人間が見てわかる程度（通常は 2 次元か 3 次元）に（本質を失うことなしに）変換できれば，問題に対する洞察を得ることができ，大変便利である. また，低次元に変換してから，回帰や分類を行う方が，良い結果を出す場合もある.

■ 15.19.1 主成分分析

　最初に紹介するのは，古典的な**主成分分析**（principal component analysis；PCA）である. これは，低次元に射影変換したときに，なるべくデータがばらつくような軸（主成分）を選択するものである.

　主成分分析は，n 次元実数ベクトル $x^{(i)} \in \mathbf{R}^n$ を要素とするトレーニング集合 $\{x^{(1)}, x^{(2)}, \ldots, x^{(m)}\}$ を，$k(< n)$ 次元平面上に射影したときの距離の自乗和を最小にするような k 次元平面を求めることによって次元削減を行う.

　行列を用いると，トレーニング集合を表す $m \times n$ 行列 X は，

$$X = \begin{pmatrix} x_1^{(1)} & \cdots & x_n^{(1)} \\ x_1^{(2)} & \cdots & x_n^{(2)} \\ \vdots & \ddots & \vdots \\ x_1^{(m)} & \cdots & x_n^{(m)} \end{pmatrix}$$

となる．これを $m \times k$ 行列 Z に，$n \times k$ の行列 P で

$$Z = XP$$

と射影することによって次元削減が行われる．

アルゴリズムを適用する前にデータの正規化を行っておく．つまり，各特性の平均値 $\mu_j (j = 1, 2, \ldots, n)$ を

$$\mu_j = \frac{1}{m} \sum_{i=1}^{m} x_j^{(i)}$$

と計算し，新たな $x_j^{(i)}$ を $x_j^{(i)} - \mu_j$ もしくは平均値で正規化して

$$\frac{x_j^{(i)} - \mu_j}{\mu_j}$$

と設定する．これはデータの平均を原点に移動させたことに相当し，**特性スケーリング** （feature scaling）もしくは**平均正規化** （mean normalization）とよばれる．

次に，データの共分散行列

$$\Sigma = \frac{1}{m} \sum_{i=1}^{m} (x^{(i)})(x^{(i)})^T$$

の固有値分解 $\Sigma = USU^T$ を求める．ここで U は直交行列であり，S は固有値を対角成分にもつ対角行列である．ここで，正方行列 Σ の固有値と固有ベクトルとは，

$$\Sigma u = \lambda u$$

を満たすスカラー λ と（長さが 1 で $u^T u = 0$ を満たす）正規直交ベクトル u である．

以下では，$k = 1$ の場合のみを解説する．このとき，Z と P はベクトルになるので，

$$z = Xp$$

が射影変換になる．z の分散が最大になる射影 p が，射影したときの距離の和を最小にする．

$$z^T z = (Xp)^T (Xp) = p^T X^T Xp = mp^T \Sigma p$$

であり，Σ の最大固有値を λ，そのときの固有ベクトルを u とすると，

$$u^T \Sigma u = u^T \lambda u = \lambda$$

であるので，分散を最大にするには，$p = u$ にとれば良いことが分かる．$k > 1$ の場合も同様に計算ができ，$n \times n$ 行列 U の（固有値が大きい順に並べた）最初の k 個の列が，求めたい平面への射影を表すベクトルになる．

　iris データセットを用いて主成分分析と可視化の方法を説明する．

```
iris = px.data.iris()
X = iris[["sepal_length", "sepal_width", "petal_length", "petal_width"]]
```

```
from sklearn.decomposition import PCA

pca = PCA(n_components=2)   # 2次元に射影
pca.fit(X)
pca.components_   # 射影行列
```

```
array([[ 0.36158968, -0.08226889,  0.85657211,  0.35884393],
       [ 0.65653988,  0.72971237, -0.1757674 , -0.07470647]])
```

```
Z = pca.transform(X)   # 射影したデータ
# 射影した2次元データを元のデータフレームに追加
iris["X"] = Z[:, 0]
iris["Y"] = Z[:, 1]
iris.head()
```

	sepal_length	sepal_width	petal_length	petal_width	species	species_id	X	Y
0	5.1	3.5	1.4	0.2	setosa	1	-2.684207	0.326607
1	4.9	3.0	1.4	0.2	setosa	1	-2.715391	-0.169557
2	4.7	3.2	1.3	0.2	setosa	1	-2.889820	-0.137346
3	4.6	3.1	1.5	0.2	setosa	1	-2.746437	-0.311124
4	5.0	3.6	1.4	0.2	setosa	1	-2.728593	0.333925

```
# seabornの lmplot で描画（hueは色調指定，fit_reg=Falseは線を描画しない）
import seaborn as sns
sns.lmplot(x="X", y="Y", hue="species", fit_reg=False, data=iris);
```

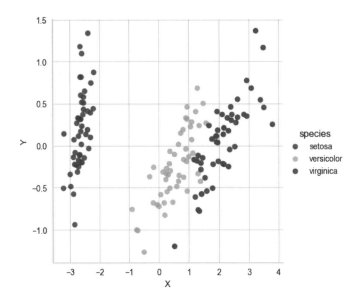

■ 15.19.2 *t*-SNE

もう 1 つの次元削減の手法である ***t*-SNE** （*t*-distributed Stochastic Neighbor Embedding）を紹介する．直訳すると，*t* 分布確率的近傍埋め込みであるが，英語で呼ばれることが多く，ティー・スニーと発音される．

簡単に言うと，低次元空間での類似度を元の次元でのデータごとの類似度と（分布の意味で）近くなるような，位置（2 次元の場合には X, Y 座標）を求める手法である．

通常は，こちらの方が（主成分分析よりは）低次元に射影したデータを可視化したとき綺麗に分類される．

```
from sklearn.manifold import TSNE

Z = TSNE(n_components=2, random_state=0).fit_transform(X)
# 射影した2次元データを元のデータフレームに追加
iris["X"] = Z[:, 0]
iris["Y"] = Z[:, 1]
sns.lmplot(x="X", y="Y", hue="class", fit_reg=False, data=iris);
```

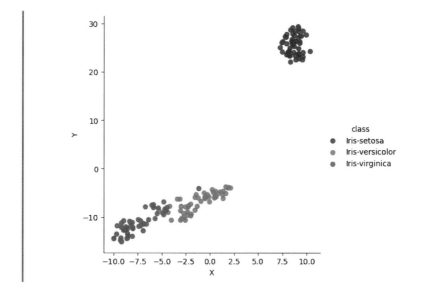

問題 190　（アルコール摂取量）

http://logopt.com/data/drinks.csv にある国別のアルコール摂取量データを用いて主成分分析を行え.

4 次元の数値データを 2 次元に射影し，2 次元座標で表示せよ．その際，色調としては，大陸（continent）列を用いよ.

問題 191　（ワイン）

クラスタリングの例で用いたワインのデータを 2 次元に射影して，クラスタリングされたラベルを色調として描画せよ.

15.20 特徴量の重要度

sklearn.inspection にある **permutation_importance** 関数に，回帰もしくは分類インスタンスと特徴ベクトル X, ターゲット y を入れると，特徴の重要度を計算してくれる.

例として，最初に示した広告による売上をランダム森によって予測を行い，各特徴の重要度を計算する.

```
from sklearn.ensemble import RandomForestRegressor

data = pd.read_csv(
```

```
    "http://logopt.com/data/Advertising.csv", index_col=0
) # 0行目をインデックスにする.
X = data[["TV", "Radio", "Newspaper"]]
y = data["Sales"]

rf = RandomForestRegressor()
rf.fit(X, y);
```

```
from sklearn.inspection import permutation_importance

result = permutation_importance(rf, X, y)
result.importances_mean
```

array([1.29014783, 0.71470488, 0.00224715])

結果から，TV が最も重要で，次いで Radio であり，Newspaper は広告効果がほとんどないことが分かる.

yellowbrick パッケージの FeatureImportances クラスを用いて可視化する.

```
from yellowbrick.model_selection import FeatureImportances

viz = FeatureImportances(rf)
viz.fit(X, y)
viz.show();
```

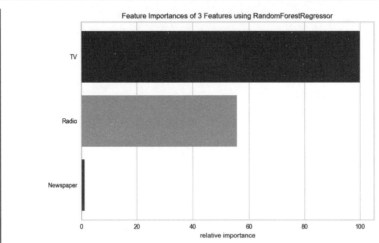

問題 192 （アヤメ）

iris データセットにおける特徴ベクトルの重要度を計算し，可視化せよ.

```
import plotly.express as px

iris = px.data.iris()
X = iris[["sepal_length", "sepal_width", "petal_length", "petal_width"]]
y = iris["species_id"]
```

問題 193 （胸部癌）

http://logopt.com/data/cancer.csv にある胸部癌か否かを判定するデータセットに対してランダム森で分類し，特徴重要度を計算し，可視化せよ．

最初の列 **diagnosis** が癌か否かを表すものであり，M が悪性（malignant），B が良性（benign）を表す．

16 fastaiによる深層学習

- 深層学習（deep learning）は民主化が進んでおり，様々なオープンソースのパッケージが開発されている．ここではfastaiを紹介する．

関連動画 ▶

16.1 深層学習とは

深層学習とは多くの隠れ層（後で説明する）をもつニューラルネットである．ニューラルネットとは（機械学習のところで簡単に触れたように），

1) 訓練データを複数の階層から構成されるモデルに入力
2) 上層からの重み付き和（線形変換）に活性化関数を適用して，下層に流す
3) 最下層では損出関数によって誤差を評価
4) 誤差の情報から勾配を計算
5) 勾配の情報を用いて，重み（パラメータ）の更新

を繰り返すだけである．これは単に，入力を出力に変換する関数とも考えられるが，できるだけ与えられたデータに適合するように近似することを目標としている点が特徴である．

1ニューロンのニューラルネットは単なる古典的な線形回帰（もしくは分類問題の場合にはロジスティック回帰）である．

以下で用いる用語を整理しておこう．

- 人工知能: 機械に知能を持たせるための技術
- 機械学習：（教師ありに限定だが）入力データと出力データから，モデルのパラメータを調整する方法
- ニューラルネット：単なる関数近似器
- 深層学習：単なる多次元分散型関数近似器
- fastai：PyTorchのラッパー

16.2 深層学習の歴史

いま流行の深層学習（deep learning）はニューラルネットから生まれ，そのニューラルネットはパーセプトロンから生まれた．起源であるパーセプトロンまで遡ろう．

1958 年に，コーネル大学の心理学者であった Frank Rosenblatt がパーセプトロンの概念を提案した．これは 1 層からなるニューラルネットであり，極めて単純な構成をもつが，当時は部屋いっぱいのパンチカード式の計算機が必要であった．

隠れ層のない 2 層のニューラルネットでの出力誤差からの確率的勾配降下法は 1960 年に B. Widrow と M.E. Hoff, Jr. らが Widrow-Hoff 法（デルタルール）という名称で発表した．隠れ層のある 3 層以上のニューラルネットは，1967 年に甘利俊一が発表した．

1969 年に，MIT の Marvin Minsky（人工知能の巨人として知られる）が，ニューラルネットの限界についての論文を発表した．彼の名声による影響のためか，その後ニューラルネットの研究は徐々に下火になっていく．

2006 年に，トロント大学の Geoffrey Hinton（ニューラルネットの父として知られる）は，多階層のニューラルネットでも効率よく学習できるような方法に関する論文を発表する．この手法はオートエンコーダーと呼ばれ，その後の深層学習の爆発的な研究のもとになったものである．

2011 年にマイクロソフト社は，言語認識のためにニューラルネットを使うようになる．その後も言語認識や機械翻訳は，画像認識とともに，深層学習の応用分野として定着している．

2012 年の 7 月に Google 社は猫を認識するためのニューラルネットである Google Brain を開始し，8 月には言語認識に用いるようになる．同年の 10 月には，Hinton の 2 人の学生が，ImageNet コンテストで断トツの成績で 1 位になる．これをきっかけに，深層学習が様々な応用に使われるようになる．

2015 年の 12 月には，マイクロソフト社のチームが，ImageNet コンテストで人間を超える結果を出し，2016 年 3 月には，AlphaGo が碁の世界チャンピオンで Lee Sedol を打ち負かす（ただしこれは深層学習というより強化学習の成果とも言える）．

最近では，拡散モデル（diffusion model）を用いた高精度の画像の生成や，ChatGPT（Generative Pre-trained Transformer）に代表される自己アテンション（self attention）を用いた自然言語処理への応用が進み，技術の民主化が進んでいる．

16.3　なぜ深層学習がうまくいくようになったのか？

　データ量の増大に伴い，それをうまく利用できる手法である深層学習が有効になってきている．層の数を増やしても大丈夫なようなアーキテクチャ（モデル）が開発されたことも，重要な要因である．つまり，データと新しいモデルが両輪となって，様々な分野への応用を後押ししているのである．小さなデータしかないときには，ニューラルネットは線形回帰やサポートベクトル機械（SVM）と同じ程度の性能である．しかし，データが大規模になると，ニューラルネットは SVM より高性能になり，小規模なニューラルネットより大規模なニューラルネットの方が良い性能を出すようになる．

　さらには，GPU の低価格化によって単純な計算の反復が必要な深層学習が高速に実行できるようになったことも普及を後押ししている．深層学習がうまく動くことが知られるにつれて，研究も加速している．古典的なシグモイド関数から ReLU（ならびにその亜種）への移行，ドロップアウト，バッチ正規化など，実際にうまく動くアルゴリズムの開発も重要な要因である．さらに，応用に応じた様々なモデル（アーキテクチャ）が提案され，問題に応じて適切なモデルを使い分けることができるようになってきたのも，理由の 1 つである．

　多くの人材が深層学習の分野に参入したことも重要な要因であるように感じている．ハイパーパラメータの適正化は，最適化における実験的な解析と同様に，膨大な系統的な実験と，それを解析するマンパワーが必要となる．データを公開し，開発したソフトウェアをオープンソースにして配布するといったこの分野の風土も研究を加速している．

　データやソフトウェアを非公開にする風土をもつ他の研究分野は，深層学習をお手本にする必要があるだろう．特に，日本の企業との共同研究では，データや開発したソフトウェアは非公開にしがちである．深層学習を牽引するコミュニティーのパワーは，そういった秘密主義がないことに起因している．

16.4　fastai とは

　深層学習のためのパッケージとしては，tensorflow (+Keras), PyTorch などが有名であるが，ここでは fastai https://www.fast.ai を用いる．

　fastai は，最先端の深層学習を実務家が気軽に適用できるようにするためのパッケージである．

　開発者が「AI をもう一度 uncool に」を標語にしているように，専門家でなくても

（Python を知っていれば）ある程度（というか数年前の世界新記録程度）の深層学習を使うことができる.

特徴は以下の通り.

- コードが短くかける（Keras よりも短い）.
- 速い.
- 最新の工夫が取り入れられている.
- PyTorch の足りない部分を補完してくれる.
- 無料の（広告なしの）講義ビデオがある.
- テキストのソースも無料公開されている. `https://github.com/fastai/fastbook`

16.5 fastai のインストール

自分のマシンへの fastai のインストールは本家サイトを参照されたい.

Google Colab 上にはすでにインストールされているので，以下の操作だけを行えば良い.

- 上部メニューのランタイム/ランタイプの種類を変更で GPU をオンにする.

割り当てられた GPU を，以下のコマンドで確認しておく.

```
!nvidia-smi
```

```
Tue Aug 23 01:10:22 2022
+-----------------------------------------------------------------------------+
| NVIDIA-SMI 460.32.03    Driver Version: 460.32.03    CUDA Version: 11.2     |
|-------------------------------+----------------------+----------------------+
| GPU  Name        Persistence-M| Bus-Id        Disp.A | Volatile Uncorr. ECC |
| Fan  Temp  Perf  Pwr:Usage/Cap|         Memory-Usage | GPU-Util  Compute M. |
|                               |                      |               MIG M. |
|===============================+======================+======================|
|   0  Tesla T4            Off  | 00000000:00:04.0 Off |                    0 |
| N/A   65C    P0    31W /  70W |   2084MiB / 15109MiB |      0%      Default |
|                               |                      |                  N/A |
+-------------------------------+----------------------+----------------------+

+-----------------------------------------------------------------------------+
| Processes:                                                                  |
|  GPU   GI   CI        PID   Type   Process name                  GPU Memory |
|        ID   ID                                                   Usage      |
|=============================================================================|
+-----------------------------------------------------------------------------+
```

16.6 MNIST_SAMPLE

　深層学習における "Hello World" は，MNIST の手書き文字認識である．ここでは，
さらに簡単な MNIST の一部（3 と 7 だけの画像）を認識するためのニューラルネット
を作成する．これは，2 値分類問題と呼ばれ，似た例をあげると，与えられた写真に
猫が写っているか否か，受け取ったメイルがスパムか否か，などを判定することがあ
げられる．2 値分類問題は，独立変数（ニューラルネットの入力，特徴ベクトル）に
対する従属変数（ターゲット）が 0 か 1 の値をとる問題であると言える．

　この簡単な例を用いて，fastai を用いた訓練（training）のコツを伝授する．

　まず，fastai で準備されている MNIST_SAMPLE のデータを読み込む．

　path はデータを展開するフォルダ（ディレクトリ）名であり，dls はデータローダー
と名付けられた画像用データローダー（ImageDataLoader）のインスタンスである．

　データローダーには，様々なファクトリメソッド（インスタンスを生成するための
メソッド）がある．ここでは，フォルダから生成する from_folder メソッドを用いる．

```
from fastai.vision.all import *

path = untar_data(URLs.MNIST_SAMPLE)
dls = ImageDataLoaders.from_folder(path)
```

　doc() でドキュメントをみることができる．

```
doc(ImageDataLoaders)
```

```
ImageDataLoaders(*loaders, path: 'str | Path' = '.', device=None)
Basic wrapper around several `DataLoader`s with factory methods for computer vision↵
 problems

To get a prettier result with hyperlinks to source code and documentation, install ↵
nbdev: pip install nbdev
```

　読み込んだデータの 1 バッチ分は，データローダーの show_batch メソッドでみるこ
とができる．

```
dls.show_batch()
```

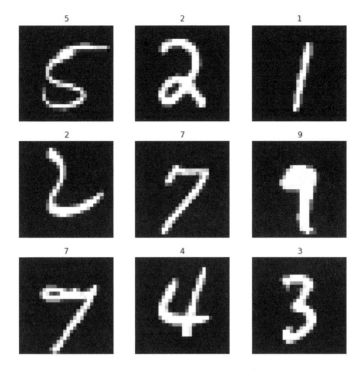

　畳み込みニューラルネットモデルのインスタンスを生成し，データとあわせて学習器 learn を生成する．メトリクス（評価尺度）は error_rate を指定しておく．

　学習器は resnet34 を用い，学習済みのデータを用いた転移学習を行う．

■16.6.1 ResNet

　ResNet は残差ブロックとよばれる層の固まりを，何層にも重ねたものである．残差ブロックでは，ブロックへの入力，線形層，ReLU（rectified linear unit; $\max(0, x)$），線形層の流れに，入力そのものを加えたものに，ReLU を行うことによって出力を得る．入力をそのまま最終の活性化関数の前に繋げることによって，必要のないブロックを跳ばして計算することができるようになり，これによって多層のニューラルネットで発生する勾配消失や勾配爆発を避けることが可能になる．残差ブロックは，畳み込み層の間に「近道（ショートカット）」を入れたものに他ならない．この「近道」を入れることによって，最適化が楽になることが知られている．局所解が減少し，滑らかな空間（ランドスケープ）での最適化になるのだ．

　残差ネットワークの学習器 learn を作成してから learn.summary をみると，その構造がわかる．以下で用いる resnet34 は 34 層の大規模な畳み込みニューラルネットであ

る．実行すると，学習済みの重みが読み込まれ，この重みをもとに転移学習を行うことができる．

■ 16.6.2　転移学習

通常の訓練においては，初期のパラメータ（重み）はランダムに設定される．しかし，ランダムな初期パラメータからの学習は，アーキテクチャが大規模になると膨大な時間がかかることがある．そこで，特定のアーキテクチャに対して，事前に訓練されたパラメータ（重み）を用いることが行われるようになってきた．これが転移学習（transfer learning）である．

多層の畳み込みニューラルネットで発生を用いて画像の分類をするケースを考えよう．学習が進むにつれて，最初の方の層では線や角などの簡単な形状を抽出するようになり，層が深まるにつれて徐々に複雑な形状を学習するようになる．たとえば，猫のふわふわした毛に反応するニューロンや，猫の目に反応するニューロンが出てくる．最終層の直前では，分類したい物の特徴を抽出するニューロンがある．転移学習では，他の目的のために訓練されたパラメータを用い，判別を行う最終層だけに対して訓練（パラメータの調整）を行う．線や角の判別は共通であるが，最終的な分類は，対象とするものに依存して再訓練をしなければならないからだ．

最終層のパラメータが十分に訓練されたら，上層のパラメータに対しても訓練を行う方が良い．fine_tune メソッドは，これを自動的にしてくれる．

■ 16.6.3　学習率の調整

深層学習で最も重要なパラメータは，学習率（learning rate: lr と略される）である．深層学習では，重み（パラメータ）調整のために非線形最適化を行う．

つまり，勾配に適当なステップサイズを乗じて現在の値から減じる操作を繰り返す．この非線形最適化におけるステップサイズのことを，学習率とよんでいる．

これをチューニングするために，fastai では学習器オブジェクトに lr_find() というメソッドを準備している．

評価尺度 (metrics) に誤差率を指定した学習器 learn を作成して learn.lr_find() とする．

lr_find は，学習率を小さな値から 1 反復ごとに 2 倍にしたときの損出関数（目的関数のこと）をプロットしてくれる．目安だが，最小値をもつ谷に入るあたりの学習率が良いと言われている．

```
learn = vision_learner(dls,resnet34, metrics=error_rate, cbs=ShowGraphCallback())
learn.lr_find()
```

SuggestedLRs(valley=0.0014454397605732083)

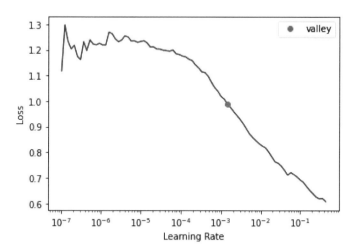

損出関数が最小になるのは，学習率が 0.2 あたりだが，最も大きな谷の下り坂に入るあたりが良いとされている．ここでは，学習率を 1e-2（0.01）に設定して訓練してみる．

これには学習器インスタンスの fit_tune メソッドを用いる．引数はエポック数（最適化の反復回数; データ全体を何回使うかを表す）と学習率である．

なお，実際の反復ごとの学習率は，学習器の cbs 引数を ShowGraphCallback() とすると，見ることができる．

```
doc(learn.fine_tune)
```

```
Learner.fine_tune(epochs, base_lr=0.002, freeze_epochs=1, lr_mult=100, pct_start↵
=0.3, div=5.0, *, lr_max=None, div_final=100000.0, wd=None, moms=None, cbs=None, ↵
reset_opt=False, start_epoch=0)
Fine tune with `Learner.freeze` for `freeze_epochs`, then with `Learner.unfreeze` ↵
for `epochs`, using discriminative LR.

To get a prettier result with hyperlinks to source code and documentation, install ↵
nbdev: pip install nbdev
```

```
learn.fine_tune(2, base_lr=0.01)
```

epoch	train_loss	valid_loss	error_rate	time
0	0.193209	0.123173	0.031894	00:17

epoch	train_loss	valid_loss	error_rate	time
0	0.030265	0.012840	0.005397	00:20
1	0.003502	0.001658	0.000981	00:25

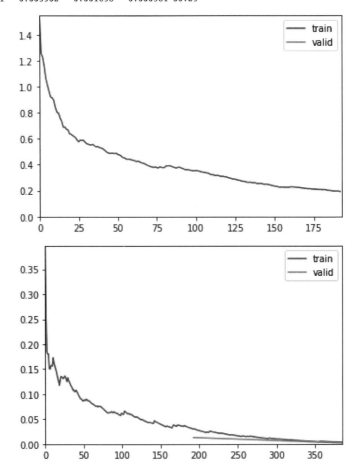

　評価尺度の誤差率は非常に小さく，図から訓練はうまく行われているようだ．結果
を表示してみる．大体当たっているようだ．

```
learn.show_results()
```

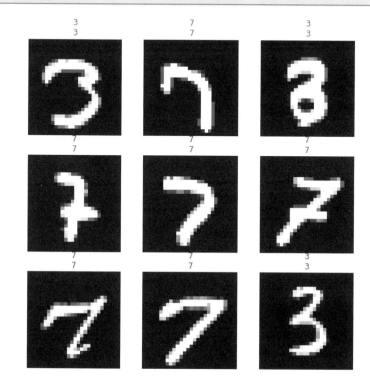

　fine_tune では，最終層以外を固定して（既定値では 1 回）訓練を行い，その後，
fit_one_cycle を用いて，指定したエポック数だけ訓練する．fit_one_cycle は，学習率
を小さな値から最大学習率まで増やし，その後徐々に減少させていく．同時に，慣性
項を徐々に下げて，その後増加させていく最適化法で，これを使うと収束が速くなる
と言われている．

　fine_tune メソッドの引数はエポック数と基本学習率 base_lr である．

　分類モデルの結果を解釈は，ClassificationInterpretation() クラスの from_learner メソッドを用いてできる．plot_top_losses を用いると，損出関数が悪かったデータを描画してくれる．引数は画像数と画像のサイズである．

```
interp = ClassificationInterpretation.from_learner(learn)
```

```
interp.plot_top_losses(9, figsize=(7,7))
```

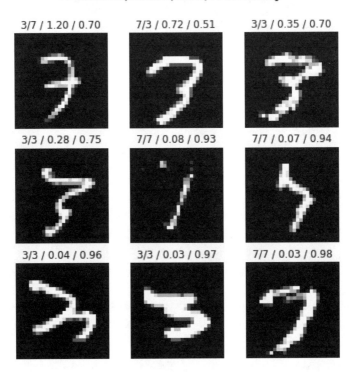

　正解と外れを表す表（混合行列とよばれる）を出力するには，plot_confusion_matrix を使う．

```
interp.plot_confusion_matrix()
```

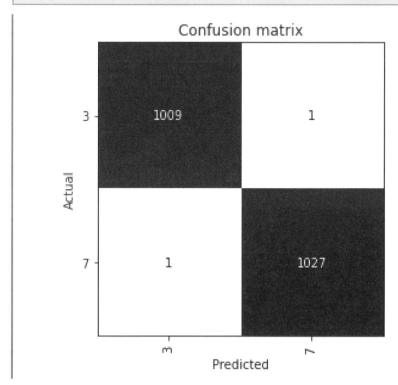

16.7　MNIST

　今度は 3 と 7 だけでなく，0 から 9 の数字の画像ファイルから数字を当ててみよう．
手順は同じだ．

```
path = untar_data(URLs.MNIST)
```

```
dls = ImageDataLoaders.from_folder(path)
```

今回は，学習器の評価尺度に正解率（accuracy）を加えておく．

```
learn = vision_learner(dls, resnet34, metrics=[error_rate,accuracy],cbs=↵
    ShowGraphCallback())
lr = learn.lr_find()
print(lr)
```

SuggestedLRs(valley=0.002511886414140463)

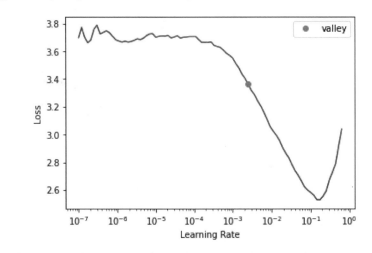

```
learn.fine_tune(2, base_lr=0.002)
```

epoch	train_loss	valid_loss	error_rate	accuracy	time
0	0.587376	0.408506	0.127900	0.872100	01:26

epoch	train_loss	valid_loss	error_rate	accuracy	time
0	0.094730	0.050687	0.014500	0.985500	01:33
1	0.045115	0.027908	0.009200	0.990800	01:33

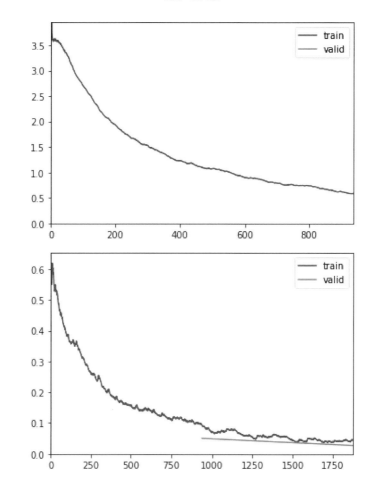

```
learn.show_results()
```

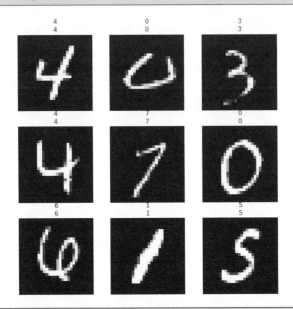

```
interp = ClassificationInterpretation.from_learner(learn)
interp.plot_top_losses(9, figsize=(15,10))
```

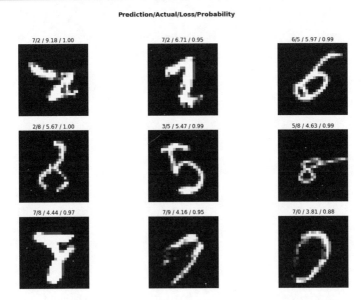

```
interp.plot_confusion_matrix()
```

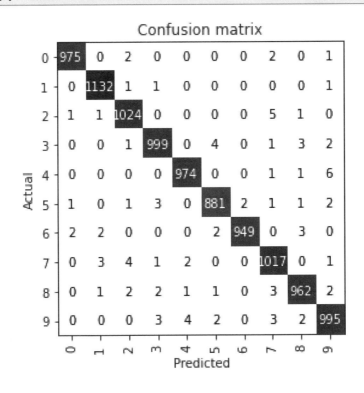

16.8 Cifar10

Cifar10 は粗い画像から，10 種類の物体を当てるデータセットである．

ImageDataLoaders の from_forder() メソッドでデータローダーを生成する．検証（テスト）データは 10%に設定する．

```
path = untar_data(URLs.CIFAR)
```

```
dls = ImageDataLoaders.from_folder(path,valid_pct=0.1)
dls.show_batch()
```

```
learn = vision_learner(dls, resnet50, metrics=[error_rate,accuracy])
lr= learn.lr_find()
print(lr)
```

SuggestedLRs(valley=0.001737800776027143)

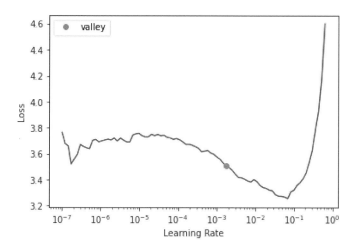

データとアーキテクチャ（モデル: RESNET）をあわせて学習器を生成する.
メトリクスは正解率（accuracy）とする.

```
learn.fine_tune(10, base_lr=1e-3)
```

epoch	train_loss	valid_loss	error_rate	accuracy	time
0	1.720446	1.487195	0.504833	0.495167	01:36

epoch	train_loss	valid_loss	error_rate	accuracy	time
0	1.095862	0.945130	0.328167	0.671833	01:36

epoch	train_loss	valid_loss	error_rate	accuracy	time
0	1.095862	0.945130	0.328167	0.671833	01:36
1	0.819684	0.715804	0.244000	0.756000	01:33
2	0.614426	0.609761	0.205833	0.794167	01:33
3	0.429096	0.574650	0.193333	0.806667	01:34
4	0.293377	0.609565	0.186167	0.813833	01:34
5	0.157066	0.681249	0.180667	0.819333	01:34
6	0.088063	0.761130	0.183500	0.816500	01:34
7	0.047697	0.804281	0.181500	0.818500	01:34
8	0.023899	0.817061	0.181333	0.818667	01:34
9	0.026840	0.833239	0.180333	0.819667	01:33

損出関数の大きい順に 5 つのデータを出力する.

```
interp = Interpretation.from_learner(learn)
```

```
interp.plot_top_losses(5)
```

Prediction/Actual/Loss/Probability

cat/horse / 17.62 / 1.00   cat/dog / 17.50 / 1.00   truck/automobile / 16.23 / 1.00

deer/cat / 15.68 / 1.00   truck/ship / 15.52 / 1.00

16.9 PETS

画像ファイルから犬か猫かを判別する.

モデル（アーキテクチャ）は画像ファイルなので ResNet を用いる.

```
from fastai.vision.all import *
path = untar_data(URLs.PETS)
path
```

Path('/Users/mikiokubo/.fastai/data/oxford-iiit-pet')

```
path.ls()
```

(#2) [Path('/Users/mikiokubo/.fastai/data/oxford-iiit-pet/images'),Path('/Users/↩
mikiokubo/.fastai/data/oxford-iiit-pet/annotations')]

```
path_anno = path/"annotations"
path_img = path/"images"
```

```
fnames = get_image_files(path_img)
fnames[:5]
```

```
(#5) [Path('/Users/mikiokubo/.fastai/data/oxford-iiit-pet/images/Egyptian_Mau_167.↵
jpg'),Path('/Users/mikiokubo/.fastai/data/oxford-iiit-pet/images/pug_52.jpg'),Path↵
('/Users/mikiokubo/.fastai/data/oxford-iiit-pet/images/basset_hound_112.jpg'),Path↵
('/Users/mikiokubo/.fastai/data/oxford-iiit-pet/images/Siamese_193.jpg'),Path('/↵
Users/mikiokubo/.fastai/data/oxford-iiit-pet/images/shiba_inu_122.jpg')]
```

```
files = get_image_files(path/"images")
len(files)
```

7390

犬か猫かはファイル名の最初の文字が大文字か小文字かで判別できる.

　ImageDataLoaders クラスの from_name_func() メソッドを用いてデータローダーを生成する.

　引数は順に,

- データセットのパス path
- ファイル名のリスト files
- ラベル名を判定する関数 label_func
- データ変換（ここでは画像ファイルのサイズの変更）item_tfms

　　である.

```
def label_func(f): return f[0].isupper() #犬猫の判定
dls = ImageDataLoaders.from_name_func(path, files, label_func, item_tfms=Resize↵
    (224))
```

```
dls.show_batch()
```

```
learn = vision_learner(dls, resnet34, metrics=error_rate)
learn.fine_tune(1)
```

epoch	train_loss	valid_loss	error_rate	time
0	0.156178	0.016154	0.004060	00:52

epoch	train_loss	valid_loss	error_rate	time
0	0.054338	0.005073	0.001353	00:54

```
learn.show_results()
```

今度は，同じデータセットを用いて，37 種類の PET の種類を判別する．

データの読み込みには正規表現を用いる．

ImageDataLoaders クラスの from_name_re() メソッドは，正規表現を用いてデータを生成する．

引数は順に，

- データセットのパス path
- ファイル名のリスト files
- クラス名をファイル名から抽出するための正規表現 pat
- データ変換（ここでは画像ファイルのサイズの変更） item_tfms
- aug_transforms によるデータ増大 batch_tfms

である．

```
pat = r"^(.*)_\d+.jpg"
dls = ImageDataLoaders.from_name_re(path, files, pat, item_tfms=Resize(460),
                                    batch_tfms=aug_transforms(size=224))
dls.show_batch()
```

```
learn = vision_learner(dls, resnet34, metrics=error_rate)
learn.lr_find()
```

SuggestedLRs(valley=0.0010000000474974513)

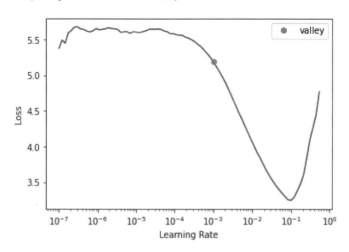

```
learn.fine_tune(4, 0.001)
```

epoch	train_loss	valid_loss	error_rate	time
0	2.070160	0.406866	0.123139	01:07

epoch	train_loss	valid_loss	error_rate	time
0	0.576859	0.279217	0.085250	01:10
1	0.409450	0.238351	0.067659	01:10
2	0.260191	0.211842	0.070365	01:10
3	0.193102	0.204086	0.064953	01:10

```
learn.show_results()
```

english_setter
english_setter

Abyssinian
Abyssinian

pug
pug

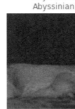

Siamese
Siamese

english_cocker_spaniel
english_cocker_spaniel

Sphynx
Sphynx

newfoundland
newfoundland

Persian
Persian

staffordshire_bull_terrier
staffordshire_bull_terrier

```
interp = Interpretation.from_learner(learn)
```

```
interp.plot_top_losses(9, figsize=(15,10))
```

Prediction/Actual/Loss/Probability

Russian_Blue/Birman / 8.40 / 0.83   english_cocker_spaniel/havanese / 7.80 / 1.00   american_pit_bull_terrier/american_bulldog / 6.99 / 1.00

beagle/basset_hound / 6.97 / 0.31   Birman/Ragdoll / 6.48 / 0.99   staffordshire_bull_terrier/basset_hound / 6.31 / 0.45

Birman/Ragdoll / 5.95 / 0.98   boxer/american_pit_bull_terrier / 5.31 / 0.81   great_pyrenees/boxer / 5.15 / 0.46

16.10 表形式データ

```
from fastai.tabular.all import *
```

■ 16.10.1   例題：サラリーの分類

　ADULT_SAMPLE は，小規模な表形式データであり，$50k 以上の収入があるかどうかを当てるのが目的だ．

```
path = untar_data(URLs.ADULT_SAMPLE)
path
```

```
Path('/Users/mikiokubo/.fastai/data/adult_sample')
```

```
df = pd.read_csv(path / "adult.csv")
df.head().T
```

	0	1	2	3	4
age	49	44	38	38	42
workclass	Private	Private	Private	Self-emp-inc	Self-emp-not-inc
fnlwgt	101320	236746	96185	112847	82297
education	Assoc-acdm	Masters	HS-grad	Prof-school	7th-8th
education-num	12.0	14.0	NaN	15.0	NaN
marital-status	Married-civ-spouse	Divorced	Divorced	Married-civ-spouse	Married-civ-spouse
occupation	NaN	Exec-managerial	NaN	Prof-specialty	Other-service
relationship	Wife	Not-in-family	Unmarried	Husband	Wife
race	White	White	Black	Asian-Pac-Islander	Black
sex	Female	Male	Female	Male	Female
capital-gain	0	10520	0	0	0
capital-loss	1902	0	0	0	0
hours-per-week	40	45	32	40	50
native-country	United-States	United-States	United-States	United-States	United-States
salary	>=50k	>=50k	<50k	>=50k	<50k

表形式データの基本クラスは TabularDataLoaders であり，これは from_csv メソッドや from_df を用いて作ることができる．

from_csv の主な引数の意味は以下の通り．

- csv: csv ファイル
- path: ファイルの置き場所
- y_names: 従属変数（ターゲット）の列名（のリスト）
- valid_idx: 検証用データのインデックス
- proc: 前処理の方法を入れたリスト
- cat_names: カテゴリカルデータの列名のリスト
- cont_names: 連続量データの列名のリスト
- カテゴリーデータと連続量データを自動的に分けてくれる以下の関数も準備されている．

```
cont_names, cat_names = cont_cat_split(df=データフレーム, dep_var=従属変数の列名)
```

- procs: 前処理の指定

前処理には以下のものがある．

- Categorify: cat_names 引数で与えた列リストをカテゴリー変数とする．
- FillMissing： cont_names に含まれる連続変数に対して欠損値処理を行う．

引数の FillStrategy には [MEDIAN, COMMON, CONSTANT] があり，順にメディアン，最頻値，定数（fill_val で指定）である．また，add_col 引数が True のときには，欠損値であることを表す列を追加する．

- Normalize: cont_names に含まれる連続変数の正規化を行う（平均を引いて標準偏差+微少量で割る）．

時刻型の列を自動的に幾つかの変数に変換する以下の関数が準備されている．

```
add_datepart(df, fldname, drop=True, time=False)
```

fldname は時刻型が含まれている列名であり，drop が True のとき元の列を削除する．

また time が True のときには，日付だけでなく時，分，秒の列も追加する.

```
dls = TabularDataLoaders.from_csv(
    path / "adult.csv",
    path=path,
    y_names="salary",
    cat_names=[
        "workclass",
        "education",
        "marital-status",
        "occupation",
        "relationship",
        "race",
    ],
    cont_names=["age", "fnlwgt", "education-num"],
    procs=[Categorify, FillMissing, Normalize],
)
```

```
dls.show_batch()
```

	workclass	education	marital-status	occupation	relationship	race	education-num_na
0	?	Some-college	Divorced	?	Unmarried	White	False
1	Local-gov	Some-college	Married-civ-spouse	Other-service	Husband	White	False
2	Private	HS-grad	Married-civ-spouse	Farming-fishing	Husband	White	False
3	Self-emp-not-inc	10th	Married-civ-spouse	Transport-moving	Husband	Black	False
4	Private	HS-grad	Separated	Handlers-cleaners	Not-in-family	Black	False
5	Local-gov	Assoc-acdm	Never-married	Adm-clerical	Own-child	Black	False
6	Private	Masters	Married-civ-spouse	Prof-specialty	Husband	Black	False
7	Private	Bachelors	Divorced	Prof-specialty	Not-in-family	White	False
8	Private	Some-college	Never-married	Tech-support	Not-in-family	White	False
9	?	7th-8th	Widowed	?	Not-in-family	Black	False ↵

	age	fnlwgt	education-num	salary
	42.000000	184017.999927	10.0	<50k
	35.000000	185769.000009	10.0	<50k
	58.000000	301866.999196	9.0	<50k
	35.000000	462889.991679	6.0	<50k
	41.000000	215478.999688	9.0	<50k
	25.000000	137296.000163	12.0	<50k
	38.000000	229699.999567	14.0	>=50k
	42.000000	166739.999423	13.0	<50k
	28.000000	185127.000187	10.0	<50k
	67.999999	133758.000817	4.0	<50k

```
cont_names, cat_names = cont_cat_split(df, max_card=50, dep_var="salary")
cat_names
```

```
['workclass',
 'education',
 'marital-status',
 'occupation',
 'relationship',
 'race',
 'sex',
 'native-country']
```

```
procs = [FillMissing, Categorify, Normalize]   # 前処理の種類を準備.
```

```
valid_idx = range(len(df) - 2000, len(df))  # 検証用データのインデックスを準備.
dep_var = "salary"  # 従属変数名とカテゴリー変数が格納されている列リストを準備.
cat_names = [
    "workclass",
    "education",
    "marital-status",
    "occupation",
    "relationship",
    "race",
    "sex",
    "native-country",
]
cont_names = [
    "age",
    "fnlwgt",
    "education-num",
    "capital-gain",
    "capital-loss",
    "hours-per-week",
]
```

tabular_learner 関数で表形式データの深層学習器を作ることができる.

　主な引数の意味は以下の通り.

- dls: データローダー
- layers: レイヤの数を指定したリスト
- emb_szs: カテゴリカルデータの列名をキー, 埋め込みサイズを値とした辞書
- metrics: 評価尺度（accuracy など）
- emb_drop: 埋め込みレイヤの drop out 率

```
# 深層学習 （PyTorch) の学習器インスタンス learn を生成し, fit メソッドで訓練. ↵
    引数はエポック数と学習率.
learn = tabular_learner(dls, metrics=accuracy)
```

```
learn.fit_one_cycle(3, 1e-3)
```

epoch	train_loss	valid_loss	accuracy	time
0	0.378957	0.361153	0.829853	00:03
1	0.355874	0.355134	0.835995	00:03
2	0.352343	0.352415	0.835688	00:03

summary 属性をみると, 学習器は, 埋め込み層に続いて 2 つの線形層を配置したニューラルネットになっていることが確認できる.

```
learn.summary()
```

```
TabularModel (Input shape: 64 x 7)
================================================================
```

Layer (type)	Output Shape	Param #	Trainable
	64 x 6		
Embedding		60	True
	64 x 8		
Embedding		136	True
	64 x 5		
Embedding		40	True
	64 x 8		
Embedding		128	True
	64 x 5		
Embedding		35	True
	64 x 4		
Embedding		24	True
	64 x 3		
Embedding		9	True
Dropout			
BatchNorm1d		6	True
	64 x 200		
Linear		8400	True
ReLU			
BatchNorm1d		400	True
	64 x 100		
Linear		20000	True
ReLU			
BatchNorm1d		200	True
	64 x 2		
Linear		202	True

```
Total params: 29,640
Total trainable params: 29,640
Total non-trainable params: 0

Optimizer used: <function Adam at 0x7f91884109d0>
Loss function: FlattenedLoss of CrossEntropyLoss()

Model unfrozen

Callbacks:
  - TrainEvalCallback
  - CastToTensor
  - Recorder
```

| – ProgressCallback

■ 16.10.2　例題：住宅価格の予測

Boston の住宅価格の予測を深層学習を用いた回帰分析で行う.

medv が住宅の価格で, 他のデータ (犯罪率や人口などの数値データ) から予測する.

ただし, 訓練データとテストデータのインデックス (**train_idx,valid_idx**) を生成するには, 以下に示すように, scikit-learn の **train_test_split** を用いる.

連続データとカテゴリカルデータの列は, **cont_cat_split** 関数を用いる. 引数の **max_card** = 50 は 50 以下の種類しかもたない列はカテゴリー変数とみなすことを意味する. また, 引数の **dep_var** は従属変数名である.

```python
import pandas as pd
from sklearn.model_selection import train_test_split
boston = pd.read_csv("http://logopt.com/data/Boston.csv",index_col=0)
procs = [Categorify, FillMissing, Normalize] #前処理の種類を準備.
train_idx, valid_idx = train_test_split(range(len(boston)), test_size=0.3) #検証用
    データのインデックスを準備.
dep_var = "medv" #従属変数名を準備.

cont_names, cat_names = cont_cat_split(boston, max_card = 50, dep_var=dep_var)
print(cat_names, cont_names)
```

```
['chas', 'rad'] ['crim', 'zn', 'indus', 'nox', 'rm', 'age', 'dis', 'tax', 'ptratio'↵
, 'black', 'lstat']
```

準備ができたので, **TabularDataLoaders** の **from_df** メソッドでデータローダーを生成し, それをもとに **tabular_learner** 関数で学習器 learn を作る. 評価尺度 (metrics) には **rmse** (rooted mean square error) を用いる.

fit_one_cycle 法を用いて, 30 エポック, 最大学習率 0.001 で訓練する.

```python
dls = TabularDataLoaders.from_df(boston, y_names=dep_var, procs = procs, cont_names↵
    =cont_names, cat_names=cat_names)
learn = tabular_learner(dls, metrics=rmse)
learn.fit_one_cycle(30,1e-3)
```

```
epoch train_loss valid_loss   _rmse   time
   0 583.483521 612.155334 24.741774 00:00
   1 581.810120 611.932373 24.737268 00:00
   2 578.824707 608.098999 24.659664 00:00
   3 574.245300 598.170288 24.457520 00:00
   4 567.828918 579.099182 24.064480 00:00
   5 556.611816 545.330933 23.352322 00:00
   6 537.237671 484.291077 22.006615 00:00
   7 508.969635 396.657959 19.916273 00:00
   8 469.514343 293.581970 17.134233 00:00
   9 424.950714 204.514008 14.300838 00:00
                  :
  20 119.163567  23.443287  4.841827 00:00
  21 107.618279  22.275869  4.719732 00:00
  22  97.619194  21.489685  4.635697 00:00
  23  88.492821  20.707258  4.550523 00:00
  24  80.453087  20.948822  4.576989 00:00
  25  73.967003  20.161036  4.490104 00:00
  26  68.017082  20.298531  4.505389 00:00
  27  62.846817  20.439318  4.520987 00:00
  28  58.536152  20.634672  4.542541 00:00
  29  53.941723  20.251295  4.500144 00:00
```

問題 194　（スパム）

メールがスパム（spam; 迷惑メイル）か否かを，深層学習を用いて判定せよ．

データは，様々な数値情報から，**is_spam** 列が 1（スパム）か，0（スパムでない）かを判定するデータである．

評価尺度は accuracy とする．

```
import pandas as pd
spam = pd.read_csv("http://logopt.com/data/spam.csv")
spam.head()
```

	word_freq_make	word_freq_address	word_freq_all	word_freq_3d	word_freq_our	word_freq_over
0	0.21	0.28	0.50	0.0	0.14	0.28
1	0.06	0.00	0.71	0.0	1.23	0.19
2	0.00	0.00	0.00	0.0	0.63	0.00
3	0.00	0.00	0.00	0.0	0.63	0.00
4	0.00	0.00	0.00	0.0	1.85	0.00 ↵

word_freq_remove	word_freq_internet	word_freq_order	word_freq_mail	...	char_freq_;	char_freq_(
0.21	0.07	0.00	0.94	...	0.00	0.132
0.19	0.12	0.64	0.25	...	0.01	0.143
0.31	0.63	0.31	0.63	...	0.00	0.137
0.31	0.63	0.31	0.63	...	0.00	0.135
0.00	1.85	0.00	0.00	...	0.00	0.223 ↵

char_freq_[	char_freq_!	char_freq_$	char_freq_#	capital_run_length_average	capital_run_length_longest
0.0	0.372	0.180	0.048	5.114	101
0.0	0.276	0.184	0.010	9.821	485
0.0	0.137	0.000	0.000	3.537	40
0.0	0.135	0.000	0.000	3.537	40
0.0	0.000	0.000	0.000	3.000	15 ↵

capital_run_length_total	is_spam
1028	1
2259	1
191	1
191	1
54	1

問題 195 （毒キノコ）

データから毒キノコか否かを，深層学習を用いて判定せよ．

target 列がターゲット（従属変数）であり，**edible** が食用，**poisonous** が毒である．

評価尺度は accuracy とする．

```
mashroom = pd.read_csv(
    "http://logopt.com/data/mashroom.csv",
    dtype={"shape": "category", "surface": "category", "color": "category"},
)
mashroom.head()
```

	target	shape	surface	color
0	edible	convex	smooth	yellow
1	edible	bell	smooth	white
2	poisonous	convex	scaly	white
3	edible	convex	smooth	gray
4	edible	convex	scaly	yellow

問題 196 （タイタニック）

titanic データに対して深層学習を行い，死亡確率の推定を行え．

```
titanic = pd.read_csv("http://logopt.com/data/titanic.csv")
titanic.head()
```

	PassengerId	Survived	Pclass	Name	Sex	Age	SibSp	Parch
0	1	0	3	Braund, Mr. Owen Harris	male	22.0	1	0
1	2	1	1	Cumings, Mrs. John Bradley (Florence Briggs Thayer)	female	38.0	1	0
2	3	1	3	Heikkinen, Miss. Laina	female	26.0	0	0
3	4	1	1	Futrelle, Mrs. Jacques Heath (Lily May Peel)	female	35.0	1	0
4	5	0	3	Allen, Mr. William Henry	male	35.0	0	0 ↵

	Ticket	Fare	Cabin	Embarked
	A/5 21171	7.2500	NaN	S
	PC 17599	71.2833	C85	C
	STON/O2. 3101282	7.9250	NaN	S
	113803	53.1000	C123	S
	373450	8.0500	NaN	S

問題 197 （胸部癌）

http://logopt.com/data/cancer.csv にある胸部癌か否かを判定するデータセットを用いて，深層学習による分類を行え．

最初の列 **diagnosis** が癌か否かを表すものであり，"M"が悪性（malignant），"B"が良性（benign）を表す．

```
cancer = pd.read_csv("http://logopt.com/data/cancer.csv", index_col=0)
cancer.head()
```

```
       diagnosis radius_mean texture_mean perimeter_mean area_mean smoothness_mean compactness_mean
  id
 842302         M      17.99        10.38         122.80    1001.0         0.11840           0.27760
 842517         M      20.57        17.77         132.90    1326.0         0.08474           0.07864
84300903         M      19.69        21.25         130.00    1203.0         0.10960           0.15990
84348301         M      11.42        20.38          77.58     386.1         0.14250           0.28390
84358402         M      20.29        14.34         135.10    1297.0         0.10030           0.13280 ↵
```

```
concavity_mean concave points_mean symmetry_mean ... radius_worst texture_worst perimeter_worst

       0.3001             0.14710        0.2419 ...        25.38         17.33          184.60
       0.0869             0.07017        0.1812 ...        24.99         23.41          158.80
       0.1974             0.12790        0.2069 ...        23.57         25.53          152.50
       0.2414             0.10520        0.2597 ...        14.91         26.50           98.87
       0.1980             0.10430        0.1809 ...        22.54         16.67          152.20 ↵
```

```
area_worst smoothness_worst compactness_worst concavity_worst concave points_worst symmetry_worst

   2019.0           0.1622            0.6656          0.7119               0.2654         0.4601
   1956.0           0.1238            0.1866          0.2416               0.1860         0.2750
   1709.0           0.1444            0.4245          0.4504               0.2430         0.3613
    567.7           0.2098            0.8663          0.6869               0.2575         0.6638
   1575.0           0.1374            0.2050          0.4000               0.1625         0.2364 ↵
```

```
symmetry_worst fractal_dimension_worst

       0.4601                 0.11890
       0.2750                 0.08902
       0.3613                 0.08758
       0.6638                 0.17300
       0.2364                 0.07678
```

問題 198 （部屋）

以下の部屋が使われているか否かを判定するデータに対して，深層学習による分類を行え．

occupancy 列が部屋が使われているか否かを表す情報であり，これを **datetime** 列以外の情報から分類せよ．

```
occupancy = pd.read_csv("http://logopt.com/data/occupancy.csv")
occupancy.head()
```

	datetime	temperature	relative humidity	light	CO2	humidity	occupancy
0	2015-02-04 17:51:00	23.18	27.2720	426.0	721.25	0.004793	1
1	2015-02-04 17:51:59	23.15	27.2675	429.5	714.00	0.004783	1
2	2015-02-04 17:53:00	23.15	27.2450	426.0	713.50	0.004779	1
3	2015-02-04 17:54:00	23.15	27.2000	426.0	708.25	0.004772	1
4	2015-02-04 17:55:00	23.10	27.2000	426.0	704.50	0.004757	1

16.11 画像データ

データ一覧は Data External にある.

```
http://docs.fast.ai/data.external#download_url
```

```
from fastai.vision import *
```

■ 16.11.1 複数のラベルを生成する分類

PASCAL_2007 データを読み込み,複数のラベルの予測を行う.

```
from fastai.vision.all import *
path = untar_data(URLs.PASCAL_2007)
```

```
df = pd.read_csv(path/"train.csv")
df.head()
```

	fname	labels	is_valid
0	000005.jpg	chair	True
1	000007.jpg	car	True
2	000009.jpg	horse person	True
3	000012.jpg	car	False
4	000016.jpg	bicycle	True

データブロック DataBlock を始めに生成して,それからデータローダーを作る.

データブロックは,以下の引数をもつ.

- blocks: データブロックを構成するブロックのタプル; 画像ブロックと(複数の)カテゴリーブロック
- splitter: 訓練データと検証データのインデックスを返す関数
- get_x: 独立変数(特徴ベクトル)を返す関数
- get_y: 従属変数(ターゲット)を返す関数
- item_tfms: 個々のデータの変換の指示
- batch_tfms: バッチに対する変換の指示

```
def get_x(r): return path/"train"/r["fname"]
def get_y(r): return r["labels"].split(" ")
def splitter(df):
    train = df.index[df["is_valid"]].tolist()
    valid = df.index[df["is_valid"]].tolist()
    return train,valid
dblock = DataBlock(blocks=(ImageBlock, MultiCategoryBlock),
                   splitter=splitter,
                   get_x=get_x,
                   get_y=get_y,
```

```
              item_tfms = RandomResizedCrop(128, min_scale=0.35))
dls = dblock.dataloaders(df)
dls.show_batch(nrows=1, ncols=3)
```

評価尺度には多ラベル用の正解率 accuracy_multi を用いる．また，関数 partial で，引数の閾値（thresh）を 0.2 に固定して渡す．partial は標準モジュールの functools に含まれているが，fastai ではすでに import した状態になっている．

fine_tune で訓練をするが，最終層以外を固定して（freeze して）4 エポック訓練し，その後，最終層以外も自由にして 3 エポック訓練する．

```
learn = vision_learner(dls, resnet50, metrics=partial(accuracy_multi, thresh=0.2))
learn.fine_tune(3, base_lr=3e-3, freeze_epochs=4)
```

```
Downloading: "https://download.pytorch.org/models/resnet50-19c8e357.pth" to /root/.↵
cache/torch/hub/checkpoints/resnet50-19c8e357.pth
```

```
HBox(children=(FloatProgress(value=0.0, max=102502400.0), HTML(value='')))
```

epoch	train_loss	valid_loss	accuracy_multi	time
0	0.939143	0.686238	0.235538	00:28
1	0.824816	0.574355	0.280578	00:27
2	0.605865	0.203421	0.807829	00:28
3	0.359789	0.127288	0.937928	00:28

epoch	train_loss	valid_loss	accuracy_multi	time
0	0.138787	0.124408	0.941434	00:29
1	0.118910	0.108459	0.948426	00:29
2	0.097468	0.105211	0.952430	00:29

```
learn.show_results()
```

■16.11.2 画像から人の頭の中心を当てる回帰

画像データは分類だけでなく，回帰を行うこともできる．BIWI データを読み込み，サンプル画像を表示する．

```
path = untar_data(URLs.BIWI_HEAD_POSE)
```

```
img_files = get_image_files(path)
def img2pose(x): return Path(f"{str(x)[:-7]}pose.txt")
img2pose(img_files[0])
```

```
Path('/root/.fastai/data/biwi_head_pose/06/frame_00079_pose.txt')
```

```
cal = np.genfromtxt(path/"01"/"rgb.cal", skip_footer=6)
def get_ctr(f):
    ctr = np.genfromtxt(img2pose(f), skip_header=3)
    c1 = ctr[0] * cal[0][0]/ctr[2] + cal[0][2]
    c2 = ctr[1] * cal[1][1]/ctr[2] + cal[1][2]
    return tensor([c1,c2])
```

```
biwi = DataBlock(
    blocks=(ImageBlock, PointBlock),
    get_items=get_image_files,
    get_y=get_ctr,
    splitter=FuncSplitter(lambda o: o.parent.name=="13"),
    batch_tfms=[*aug_transforms(size=(240,320)),
                Normalize.from_stats(*imagenet_stats)]
)
```

```
dls = biwi.dataloaders(path)
dls.show_batch(max_n=9, figsize=(8,6))
```

```
learn = vision_learner(dls, resnet18, y_range=(-1,1))
learn.lr_find()
```

```
Downloading: "https://download.pytorch.org/models/resnet18-5c106cde.pth" to /root/.↩
cache/torch/hub/checkpoints/resnet18-5c106cde.pth
```

HBox(children=(FloatProgress(value=0.0, max=46827520.0), HTML(value='')))

SuggestedLRs(lr_min=0.004786301031708717, lr_steep=1.3182567499825382e-06)

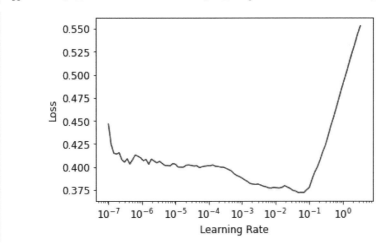

```
learn.fine_tune(4, 5e-3)
```

epoch	train_loss	valid_loss	time
0	0.052732	0.005105	02:07

epoch	train_loss	valid_loss	time
0	0.005605	0.001754	02:17
1	0.003696	0.001718	02:17
2	0.002149	0.000066	02:16
3	0.001374	0.000060	02:18

正解と予測を表示する.

```
learn.show_results()
```

Target/Prediction

16.12 協調フィルタリング

```
from fastai.tabular.all import *
from fastai.collab import *
```

協調フィルタリング（collaborative filtering）とは，推奨システム（recommender system）の一種で，ユーザーとアイテムの両方の潜在因子を考慮して，レーティングを決める手法だ．

推奨システムでよく見かけるのは，「この商品を買った人はこの商品も買っています」とか「最も良く売れているのはこの商品です」などの猿でもできるタイプのものだ．このような単純なものではなく，あなたに似た潜在因子をもつ人が，高いレーティングをつけている（もしくは良く購入する）商品に近い潜在因子をもった商品を紹介するのが，協調フィルタリングである．

機械学習の中で（Andrew Ng が実務家から聞いた話だが）実務で最も役に立つ，もしくは期待されているのがこれだ．背景にある理論を簡単に紹介しよう．

いま，顧客と商品の集合とともに，商品 i に対して顧客 j が評価を行ったデータが与えられているものとする．ただし，顧客が評価をつけた商品は通常は少なく，データは極めて疎な行列として与えられている．商品 i に対して顧客 j が評価を行っているとき 1，それ以外のとき 0 のパラメータを $r(i, j)$ とする．$r(i, j) = 1$ の場合には，顧客 j は商品 i に対して離散値の（たとえば 1 から 5 の整数などで）評価点をつける．この評価点を表すデータを $y^{(i,j)}$ とする．これがトレーニングデータになる．これをもとに，評価点がつけられていない（$r(i, j) = 0$ の）場所の評価点を推定することが問題の目的となる．

推奨システム設計のための手法は，**コンテンツベース推奨**（contents based recommendation）と**協調フィルタリング推奨**（collaborative filtering recommendation）の 2 つに分類できる．

コンテンツベース推奨では，商品 i に対する特徴ベクトル $x^{(i)} \in R^n$ が与えられていると仮定する．たとえば，商品を映画としたときに，特徴ベクトルは映画の種別（アクション，SF，ホラー，恋愛もの，スリラー，ファンタジーなど）の度合いを表す．たとえば，スターウォーズは SF 度 0.8，恋愛度 0.1，アクション度 0.1 と採点される．

顧客 j の特徴に対する重みベクトルを $w^{(j)} \in R^n$ とする．これは顧客がどういった映画の種別を好むのかを表す．これを線形回帰を用いて求めることを考えると仮説関数は，

$$h_w(x) = w_1 x_1 + w_2 x_2 + \cdots + w_n x_n$$

となる．最適な重みを計算するには，以下に定義される費用関数を最小にする重みベクトル $w^{(j)}$ を求めればよい．

$$\frac{1}{2} \sum_{i:r(i,j)=1} \left((w^{(j)})^T (x^{(i)}) - y^{(i,j)} \right)^2$$

映画ごとに特徴を見積もることは実際には難しい．そこで，協調フィルタリング推奨では，商品ごとの特徴ベクトル $x^{(i)} \in R^n$ を定数として与えるのではなく，変数とみなして顧客ごとの重みと同時に最適化を行う．すべての顧客と商品に対するトレーニングデータとの誤差の自乗和を最小化する問題は，以下のように書ける．

$$\min_{w,x} \frac{1}{2} \sum_{(i,j):r(i,j)=1} \left((w^{(j)})^T (x^{(i)}) - y^{(i,j)} \right)^2$$

この問題を直接最適化してもよいが，x と w を交互に線形回帰を用いて解く簡便法も考えられる．すなわち，適当な特徴ベクトルの推定値 $x^{(i)}$ を用いて顧客 j に対する重みベクトル $w^{(j)}$ を求めた後に，今度は $w^{(j)}$ を用いて $x^{(i)}$ を求めるのである．この操作を収束するまで繰り返せばよい．

上のアルゴリズムを用いて得られた商品 i の特徴ベクトル $x^{(i)}$ を用いると，類似の商品を抽出することができる．たとえば，$x^{(i)}$ を n 次元空間内の点とみなしてクラスタリングを行うことによって，商品のクラスタリングができる．同様に顧客 j の重みベクトル $w^{(j)}$ を用いることによって顧客のクラスタリングができる．

有名な例題（映画の評価値を当てる）である MovieLens のデータを読み込む．

データには timestamp 列がついているが，とりあえずこれは無視してレーティング（rating）を予測してみる．

```
path = untar_data(URLs.ML_100k)
ratings = pd.read_csv(path/"u.data", delimiter="\t", header=None,
                      usecols=(0,1,2), names=["user","movie","rating"])
ratings.head()
```

	user	movie	rating
0	196	242	3
1	186	302	3
2	22	377	1
3	244	51	2
4	166	346	1

```
movies = pd.read_csv(path/"u.item",  delimiter="|", encoding="latin-1",
                     usecols=(0,1), names=("movie","title"), header=None)
movies.head()
```

```
     movie          title
0      1  Toy Story (1995)
1      2  GoldenEye (1995)
2      3  Four Rooms (1995)
3      4  Get Shorty (1995)
4      5     Copycat (1995)
```

```
ratings = ratings.merge(movies)
ratings.head()
```

```
   user movie rating        title
0   196   242      3  Kolya (1996)
1    63   242      3  Kolya (1996)
2   226   242      5  Kolya (1996)
3   154   242      3  Kolya (1996)
4   306   242      5  Kolya (1996)
```

CollabDataLoaders クラスの from_df メソッドにデータフレームを入れるとデータオブジェクトを作成してくれる.

引数はデータフレーム（ratings），検証データの比率（pct_val），ユーザー，アイテム，レーティングを表す列名だ.

```
dls = CollabDataLoaders.from_df(ratings, item_name="title", bs=64)
```

作成したデータオブジェクトを collab_learner 関数に入れると学習器（誤差を最小にする潜在因子行列の重みの最適化が目的）を作ってくれる. 予測したいレーティングは，星5つまでなので，y_range で指定する.

データオブジェクト（data），潜在因子の数（n_factors）を指定しているが，他にも metrics は評価尺度，wd は weight decay で正則化のためのパラメータなどを指定できる.

```
def collab_learner(data, n_factors:int=None, use_nn:bool=False, metrics=None,
                   emb_szs:Dict[str,int]=None, wd:float=0.01, **kwargs)->Learner
```

```
dls.show_batch()
```

```
   user                     title rating
0   348            Jack (1996)        4
1   346   Twelve Monkeys (1995)        2
2   110  Simple Twist of Fate, A (1994)   2
3    72   Conan the Barbarian (1981)    2
4   864   Death and the Maiden (1994)    4
5   347   Twelve Monkeys (1995)        4
6   731           Sabrina (1954)        4
7   751   Raising Arizona (1987)        3
8   344   Leaving Las Vegas (1995)      4
9   577  Devil in a Blue Dress (1995)    4
```

```
learn = collab_learner(dls, n_factors=50, y_range=(0, 5.5))
```

```
learn.fit_one_cycle(5, 5e-3)
```

epoch	train_loss	valid_loss	time
0	0.935071	0.929474	00:06
1	0.812040	0.860315	00:06
2	0.631619	0.864089	00:06
3	0.400996	0.885280	00:06
4	0.289997	0.891847	00:06

検証の損出関数をみると，過剰適合しているようだ（途中まで下がっているが，最後は上昇している）．

L2 正則化関数を入れてみよう．fastai では，重み減衰（weight decay: wd）という引数で指定する．

```
learn.fit_one_cycle(5, 5e-3, wd=0.1)
```

epoch	train_loss	valid_loss	time
0	0.952608	0.940679	00:06
1	0.839875	0.867949	00:06
2	0.742433	0.825799	00:06
3	0.591568	0.814826	00:06
4	0.479914	0.816404	00:06

訓練ロスは悪化しているが，検証ロスは改善していることが確認できる．

トップ 1000 の映画を抽出し，埋め込み層の重みを主成分分析で 2 次元に落として描画してみる．

ニューラルネットが，自動的に映画の特徴を抽出していることが確認できる．

```
g = ratings.groupby("title")["rating"].count()
top_movies = g.sort_values(ascending=False).index.values[:1000]
top_idxs = tensor([learn.dls.classes["title"].o2i[m] for m in top_movies])
movie_w = learn.model.i_weight.weight[top_idxs].cpu().detach()
movie_pca = movie_w.pca(3)
fac0,fac1,fac2 = movie_pca.t()
idxs = np.random.choice(len(top_movies), 50, replace=False)
idxs = list(range(100))
X = fac0[idxs]
Y = fac2[idxs]
plt.figure(figsize=(12,12))
plt.scatter(X, Y)
for i, x, y in zip(top_movies[idxs], X, Y):
    plt.text(x,y,i, color=np.random.rand(3)*0.7, fontsize=11)
plt.show()
```

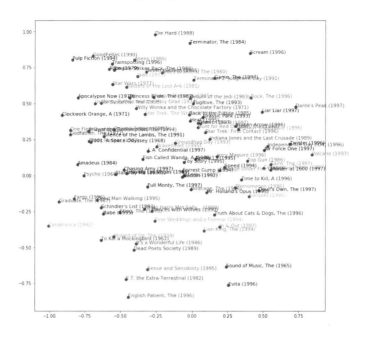

16.13 意味分割

　以下のデータセットは，与えられた画像の分割（各ピクセルがどの物体に属するのかを分類すること；これを意味分割（semantic segmentation）とよぶ）に用いられる．

- Camvid: Motion-based Segmentation and Recognition Dataset
  （CAMVID, CAMVID_TINY）

```
path = untar_data(URLs.CAMVID_TINY)
dls = SegmentationDataLoaders.from_label_func(
    path, bs=8, fnames = get_image_files(path/"images"),
    label_func = lambda o: path/"labels"/f"{o.stem}_P{o.suffix}",
    codes = np.loadtxt(path/"codes.txt", dtype=str)
)

learn = unet_learner(dls, resnet34)
learn.fine_tune(8)
```

epoch	train_loss	valid_loss	time
0	2.760665	5.930563	01:09

epoch	train_loss	valid_loss	time
0	2.219755	1.865447	01:15
1	1.819075	1.280244	01:20
2	1.559273	1.177241	01:17
3	1.374030	0.868488	01:16
4	1.210444	0.832017	01:16
5	1.082514	0.755146	01:16
6	0.980371	0.728570	01:15
7	0.902825	0.727522	01:16

```
learn.show_results(max_n=6, figsize=(7,8))
```

Target/Prediction

16.14 テキストデータ

fastai では，Wikipedia の膨大なテキストデータを用いた学習済みの言語モデルである AWD_LSTM を準備している．映画の批評データを用いて，fastai の自然言語処理を試してみる．

```
from fastai.text.all import *
path = untar_data(URLs.IMDB)

get_imdb = partial(get_text_files, folders=["train", "test", "unsup"])


dls_lm = DataBlock(
    blocks=TextBlock.from_folder(path, is_lm=True),
    get_items=get_imdb, splitter=RandomSplitter(0.1)
).dataloaders(path, path=path, bs=128, seq_len=80)
```

言語モデルのデータブロック dls_lm をもとに，学習済のパラメータ AWD_LSTM を
読み込んで学習器をつくる.

```
learn = language_model_learner(
    dls_lm, AWD_LSTM, drop_mult=0.3,
    metrics=[accuracy, Perplexity()]).to_fp16()
```

適当な文章 TEXT を入れて，その後の文章を作らせる. temperture は文章にランダ
ム性を付与するために用いられる.

```
TEXT = "This is a pen. That is an"
N_WORDS = 40
N_SENTENCES = 2
preds = [learn.predict(TEXT, N_WORDS, temperature=0.75)
         for _ in range(N_SENTENCES)]
print(preds)
```

```
["This is a pen . That is an allusion to what i ' ve known as The Radio Times . ↵
  BBC Radio 1 ! is an example of how a different composer can work with an orche↵
  stra and which contains over half a",
 'This is a pen . That is an especially unusual phrase for an artist who has bee↵
  n ascribed to the term , and is sometimes referred to as the " Artist Generati↵
  on " . The term is sometimes defined as defining the evolution of the']
```

言語モデルを用いて，映画の批評のテキストが，ネガティブかパシティブかを判別
する学習器をつくる.

映画批評のデータセット IMDB を読み込んで，言語モデル AWD_LSTM を用いて訓
練する.

```
from fastai.text.all import *

dls = TextDataLoaders.from_folder(untar_data(URLs.IMDB), valid="test")
learn = text_classifier_learner(dls, AWD_LSTM, drop_mult=0.5, metrics=accuracy)
learn.fine_tune(4, 1e-2)
```

```
epoch  train_loss  valid_loss  accuracy   time
  0     0.598281    0.404613   0.822120  04:11

epoch  train_loss  valid_loss  accuracy   time
  0     0.318746    0.245778   0.898840  07:56
  1     0.249433    0.221797   0.908000  08:07
  2     0.183325    0.190910   0.926360  08:19
  3     0.153639    0.194017   0.926240  08:11
```

予測してみる.

```
print( learn.predict("I really liked that movie!") )
```

('pos', tensor(1), tensor([3.4028e-04, 9.9966e-01]))

16.15 画像生成

ちょっと前までは **GAN** (generative adversarial network; 敵対的生成ネットワーク)
が流行していたが,最近では **拡散モデル** (diffusion model) を用いて,高精度な画像
を高速に生成することができるようになってきた.

問題 199 (DALL・E 2)

DALL・E2 https://openai.com/dall-e-2/ に登録して,オリジナルの画像を生
成せよ.

(**注意**:生成できる画像数に制限がある(毎月リセットされる))

問題 200 (Hagging Face Diffusers)

Diffusers (https://github.com/huggingface/diffusers/) の Quickstart にある
Getting started with Diffusers を Google Colab で開いて,ドライブにコピーを保存して
から,最初の画像生成までを実行せよ.

(**注意**:ランタイムで GPU をオンにしてから実行する.有料版の Colab Pro(+) に
登録する必要はない)

問題 201 (Hagging Face)

Hagging Face のモデル https://huggingface.co/models の Tasks (+22 Task を押
すとたくさん出てくる)から好きなものを選び,試してみよ.また,どのようなモデ
ルが使われているか解説を読み,(できれば) Google Colab で動かしてみよ.

(**注意**:しばらくは login なしで使えるが,時間制限を超えると login が必要になる)

16.16 深層学習の基礎を図で解説

通常の（完全結合層から成る）ニューラルネットについては，scikit-learn を用いた機械学習の章で述べた．以下では，本章で紹介した幾つかのアーキテクチャについて解説する．

■ 16.16.1 畳み込みニューラルネット

画像データに対して完全結合層だけのニューラルネットを使うことは，膨大な量のパラメータを必要とするので，適当な選択ではない．完全結合層のかわりに**畳み込み**（convolusion）を用いた層を用いる方法が，畳み込みニューラルネットである．

畳み込みニューラルネットでは，以下の図に示すように，畳み込み（一種のパラメータ行列の乗算）を行った後に，活性化関数として LeLU を用い，さらにマックスプールでデータを小さくする操作を繰り返していく．そして，最後の層だけを完全結合層とし，分類もしくは回帰を行う．

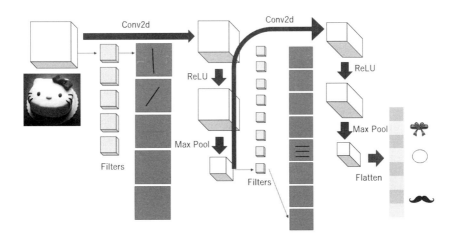

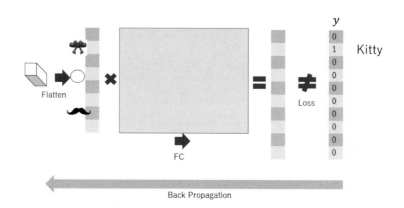

■ 16.16.2　回帰型ニューラルネット

文字列や音声などの時系列データを扱うためのニューラルネットとして，**回帰型ニューラルネット**（recurrent neural nettwork）がある.

長さ T の時系列データ $x^{<1>}, x^{<2>}, \ldots, x^{<T>}$ が与えられたとき，回帰型ニューラルネットは，初期状態 $a^{<0>}$ から状態の列 $a^{<1>}, a^{<2>}, \ldots, a^{<T>}$ を順次生成していく.

各時刻 $t = 1, 2, \ldots, T$ において，データ $x^{<t>}$ と前の状態 $a^{<t-1>}$ を結合したものを入力とし活性化関数（通常は tanh）を用いて，次の状態 $a^{<t>}$ を生成していく.

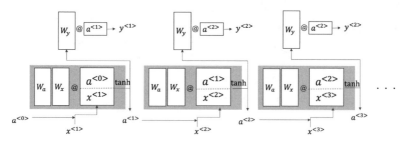

■ 16.16.3　長短期記憶

回帰型ニューラルネットは，誤差逆伝播の際に勾配が無限大に発散したり消失してしまうという弱点をもっている．その弱点を克服するためのアーキテクチャとして，長短期記憶（long short-term memory: LSTM）がある.

LSTM の特徴は，長期の記憶のためのセル（cell）$c^{<t>}$ と，通常の状態（短期記憶

に相当する）$a^{<t>}$ の両者を保持することである．この2種類の記憶情報を，シグモイド関数 σ の出力（0 と 1 の間になる）と乗じることによって，そのまま保持するかリセットするかを決め，勾配発散（消失）を避けることができる．

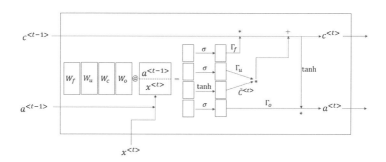

■ 16.16.4 埋め込みニューラルネット

カテゴリカルデータをより次元の低い特徴に写像するために**埋め込み層**（embedding layer）が使われる．以下の例では，10 のカテゴリーをもつデータを，10×5 の重み行列を用いて 5 次元の特徴に埋め込んでいる．

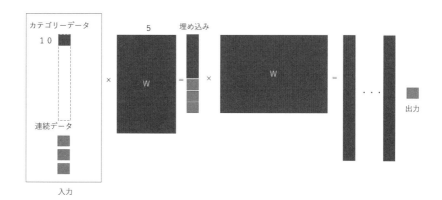

■ 16.16.5　自己アテンション

自己アテンション（self attention）は，最近注目を浴びているアーキテクチャであり，自然言語処理に大きな進歩をもたらした.

自己アテンションでは，入力された文章を LSTM のように順番に入力するのではなく，一度に読み込む．まず，入力された文字の埋め込みに，文字の位置情報を正弦・余弦曲線を用いて付加し，それに対してクエリー，キー，値を表す 3 つの全結合層を適用し，3 つの行列（テンソル）Q, K, V を得る．次に，クエリ行列 Q とキー行列 K の内積をとり，それにスケーリングとソフトマックスを適用することによって，入力された文字同士の関係を表すアテンションを得る．最後に，アテンションに値行列 V を乗じることによって出力を得る.

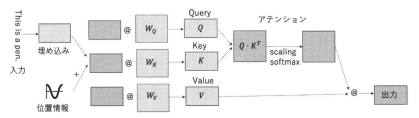

16.17　実践的な深層学習のレシピと背景にある理論

上では例を示すことによって深層学習の「雰囲気」を学んだが，実際問題を解くためには，プロジェクトの進めるためのコツや，背景にある理論も理解する必要がある．以下では，それらについて簡単に述べる.

■ 16.17.1　訓練，検証，テスト集合

今までの例題では，データセットをトレーニング（訓練）集合とテスト集合の 2 つに分けていた．研究や勉強のためには，この 2 つに分けるだけで十分であるが，実際問題に適用する際には，訓練集合（training set），検証集合（validation set）（開発集合（development set）とよばれることもある），テスト集合（test set）の 3 つにデータを分けて実験を行う必要がある．訓練集合でパラメータ（重み）をチューニングし，検証集合で実際のデータでうまく動くようにハイパーパラメータをチューニングし，最後にテスト集合で評価する．テスト集合は実験では使用できないように隠しておく．検証集合は訓練集合から適当な割合で抽出しても良い.

昔は訓練集合は 6 割，検証集合は 2 割，テスト集合は 2 割と言われていた．しかし，最近はデータセットが大規模化しており，検証とテストには一定数のデータセットが

あれば十分である．例えば，超大規模データセットに対しては，98%を訓練，検証と
テストには残りの1%ずつとしても良い．

■ 16.17.2 バイアスとバリアンス／過剰適合と不足適合

深層学習の例題（MNISTとかCifarとか）では，現在の世界記録がどのあたりなの
かが分かるが，実際問題においてどこまで学習を進めればよいのかは，一般には分か
らない．より一般的な最適化理論では，適当な緩和問題を用いた限界値（最小化の場
合には下界）を得ることができるので，誤差を評価することができる．しかし，深層
学習では，それが難しい場合が多い．そのような場合に，人でテストをしてみること
によって，可能な誤差を推測することが推奨される．

人間がどんなに頑張っても出ないくらいの誤差（エラー率）をBayes最適誤差（Bayes'
optimal error）とよぶ．

バイアス = 訓練誤差 − Bays最適誤差（もしくは人間水準誤差）

バリアンス = 検証誤差 − 訓練誤差

バリアンスが大きい状態を**過剰適合**（overfit）とよぶ．バイアスが大きい状態を**過小
適合**（underfit）とよび，これは訓練データに対する最適化が十分でないことを表す．

まずは訓練集合での正解率を上げることを目標に実験をするのだが，訓練データで
の性能がいまいちな状態を「高バイアス」とよぶ．これを改善するには，ネットワー
クの規模を大きくして学習容量を大きくしたり，訓練時間を長くしたり，最適化の方
法を変えたりすることが考えられる．

訓練データでそこそこの成績をあげられたら，今度は検証集合に対して性能を評価
する．これがいまいちな状態が「高バリアンス」である．これを改善するには，データ
の量を増やしたり，正則化・正規化を行ったりすることが考えられる．これには色々
な方法が考えられるが，深層学習で手軽なのはドロップアウトを追加したり，（確率的
降下法の場合にはL2ノルムのかけ具合を表す）重み減衰パラメータを大きくしたり，
バッチ正規化を行うことである．

■ 16.17.3 深層学習のレシピ

深層学習プロジェクトを正しい方向に導くためには，多少のコツがある．ここでは，
そのようなコツを伝授する．

検証集合におけるメトリクスが不十分なときに何をすれば良いだろうか？以下のよ
うな様々な方法が思いつく．

- より多くのデータを集める．

- より多くの訓練集合を集める.
- 訓練により多くの時間をかける.
- 様々な最適化アルゴリズムを試す.
- より大きなアーキテクチャにしてみる.
- アーキテクチャを変更してみる.
- ドロップアウト層を追加してみる.
- L2 正則化（regularization; 重み減衰（weight decay）と同義語）を追加する.
- バッチ正規化（batch normalization）を追加する.

　しかし，これらを場当たり的に適用しても時間がかかるばかりで，効果は上がらない. 重要なのはアーキテクチャの選択とハイパーパラメータ（ニューラルネットでは調整する重みのことをパラメータとよび，それ以外のパラメータをハイパーパラメータとよぶ）の設定である. これには，以下の手順が推奨される.

- 画像の場合には解像度を落とした小さなデータから始めて，徐々に解像度を上げていく.
- 訓練集合に対して損出関数を最小化する. できれば下限（人間の水準）に近づくようにする. これがうまくいかない場合には，学習率を適正な値に設定する. 学習率が小さすぎると過少適合になり，大きすぎる最適化の探索が発散する. 学習率を適正な値にしても，損出関数の値が想定よりも大きい場合には，より大規模なアーキテクチャを試すか，異なる最適化手法を試す. バッチ正規化をアーキテクチャに追加し，最適化しやすいアーキテクチャ（残差ネットワークなど）を選択することも忘れてはならない. メモリや計算速度が十分でないときには，単精度計算をするか，より大きなメモリをもつ GPU に変更することを検討する.
- 転移学習を行っている場合には，固定していたパラメータを自由に変更できるようにしてから，再び訓練を行う.
- （上の手順と並行して）検証集合に対して目的とする評価尺度（メトリクス）を達成するように訓練を行う. これがうまくいかない（過剰適合している）場合には，ドロップアウトを追加するか，重み減衰のパラメータを増やすか，訓練集合を増やすか，データ増大を行う.
- テスト集合に対して良い結果が出るように訓練を行う. これがうまくいかない場合には，検証集合を増やすか，データ増大を行う.
- 実問題に対する性能評価を行う. これがうまくいかない場合には，検証集合やテスト集合が実問題を反映しているかどうかを調べ，適宜増やす.

　上ではいささか抽象的に手順を紹介したが，具体的なパラメータの適正化は以下の手順が推奨されている.

1) モデル（アーキテクチャ）を選択する際には，解きたい問題に似た問題のベンチマークでの成績を https://dawn.cs.stanford.edu/benchmark/ や https://benchmarks.ai/ で調べて，そこで上位の（かつ簡単な）ものを選択する．たとえば，画像から物体を当てたい場合には，画像によるクラス分けなら ResNet（メモリに余裕があるなら DenseNet や Wide ResNet）をベースにしたもの，画像分類（セグメンテーション）なら UNET を選ぶ．

2) ただし競技会で上位のものは大規模なモデルを使用している場合が多い．モデルの規模が増大するにしたがい誤差は小さくなる（精度が上がる）が，その一方で計算時間が増加する．解くべき問題の複雑さを考慮してなるべく小さなモデルから始めて，十分な精度が得られなかったときに，大きめのモデルを試すという方法が推奨される．

3) すでに学習済みの重みがあるモデル（たとえば resnet34）を用い，転移学習を行う場合には，最終層以外の重みを変えないような状態で訓練を行う．学習率を lr_find() で可視化し，損出関数が下降している途中の範囲を求める．

4) 得られた適正な学習率を用いて，最終層だけを数エポック訓練する．損出関数や精度の推移を可視化し，正しく訓練されていることを確認する．

5) 上層も訓練できるように設定し，再び lr_find() で適切な学習率を探索する．

6) 最下層を上で求めた学習率とし，上層の固まりは下層の固まりよりやや（画像の場合には 10 分の 1，テキストの場合には 0.26 倍）小さめになるように設定し，過剰適合になるまで訓練する（fastai では層のブロックを 3 層になるようにまとめている）．

7) すぐに過剰適合になっている場合には，それを抑止する方法を取り入れる必要がある．以下の順に試す．

   i) もっとデータを集める．

   ii) データ増大を行う．

   iii) アーキテクチャ（モデル）にドロップアウト層やバッチ正規化を追加する．

   iv) 正則化のためのハイパーパラメータ（重み減衰率: weight decay (wd)）を大きめにする．

   v) アーキテクチャを単純化する．

8) 画像データの場合には，上の手順を解像度を下げて行い，徐々に解像度を上げて繰り返す．他の形式のデータの場合には，データの一部を用いて上の手順を行い，適切な結果が出たら大きなデータを入れて本実験を行う．

■ 16.17.4　L2 正則化（重み減衰）が過剰適合を削減する直感的な理由

1) 重み減衰率が大きくなると，重み w は小さくなり，0 になるものが増える．それによってニューラルネットがより疎になり，（ドロップアウトと同様に）過剰適合を削減する．

2) tanh などの非線形な活性化関数を使っている場合，重み減衰率 lambda が大きくなると w が小さくなるので，ニューロンへの入力も小さくなる（0 に近くなる）．tanh などの活性化関数を可視化すると分かるように 0 付近では線形関数に近い形をしている．したがって，非線形な活性化関数も線形関数と同じような働きをするようになり，これによって過剰適合が削減できる．

■ 16.17.5　ハイパーパラメータのチューニング

ハイパーパラメータは，以下の順で重要である．

1) 学習率（learning rate: lr）
2) 慣性項（モーメント）(momentum)
3) ミニバッチの大きさ
4) 隠れ層のユニット数
5) 層の数
6) 学習率の減らし方
7) 正則化パラメータ（weight decay: wd）
8) 活性化関数
9) Adam のパラメータ

■ 16.17.6　評価尺度（メトリクス）

ここでは fastai で使われる代表的な評価尺度（メトリクス）について解説する．

• 正解率（accuracy）

入力の中で最大値のクラスが正解クラスと一致している割合．正答率，精度と訳されることもある．正解が 1 つのクラスに属しているとき（これを 1 ラベル問題とよぶ）に用いられる．

例：入力として 3 つのクラスから成る 5 つのデータを与える．正解はすべてクラス 1 とする．入力の中で値が最大のものは，上のコードの中にあるように argmax メソッドで求めることができる．得られた (1,0,1,0,0) が正解 (1,1,1,1,1) と一致している割合は 0.4 と計算できる．

```
from fastai.metrics import *
in_ = torch.Tensor([ [0.3,0.5,0.2],
```

```
                [0.6,0.2,0.2],
                [0.1,0.6,0.3],
                [0.9,0.0,0.1],
                [0.8,0.1,0.1],
                ])
targs = torch.Tensor([1,1,1,1,1]).long()
print(in_.argmax(dim=-1).view(5,-1))
print(accuracy(in_, targs))
```

```
tensor([[1],
        [0],
        [1],
        [0],
        [0]])
tensor(0.4000)
```

2値分類の場合には，正解か否か（true/false）と陽性と予測したか否か（positive/negative）があるので，以下の4通りの場合がある．

- TN：真陰性（true negative）
- FP：偽陽性（false positive）
- FN：偽陰性（false negative）
- TP：真陽性（true positive）

正解率は以下のように定義される．

$$\text{accuracy} = \frac{\text{TP} + \text{TN}}{\text{TP} + \text{FN} + \text{FP} + \text{TN}}$$

- 閾値付き正解率

予測値に対するシグモイド関数の値が，与えた閾値（規定値は0.5）より大きいときに1，それ以外のとき0と計算し，その結果と正解を比較したときの正解率．

例：ランダムな標準正規分布として与えた5つの予測値に対してシグモイド関数で[0,1]の値に変換し，閾値0.5より大きいものと正解を比較することによって，閾値付き正解率0.6を得る．

```
y_pred = torch.randn(5)
y_true = torch.Tensor([1,1,1,1,1]).long()
print("y_pred = ", y_pred)
print("sigmoid = ", y_pred.sigmoid())
print(accuracy_thresh(y_pred, y_true))
```

```
y_pred =  tensor([ 0.8596,  0.3210, -0.1176,  1.0431, -0.7974])
sigmoid =  tensor([0.7026, 0.5796, 0.4706, 0.7394, 0.3106])
tensor(0.6000)
```

- トップ k 正解率

入力値が大きいものから k 個選択し，それらを正解と比較したときの正解率.

例: 正解率と同じ例題を用いる．トップ 2 のクラスを出力すると，正解の 1 は 2 番目には入っていないので，トップ 1 の正解率と同じ 0.4 を得る.

```
print(in_.topk(k=2, dim=-1)[1])
print(top_k_accuracy(in_,targs,k=2))
```

```
tensor([[1, 0],
        [0, 2],
        [1, 2],
        [0, 2],
        [0, 2]])
tensor(0.4000)
```

- ダイス係数（dice coefficient）

分割問題で用いられる集合の類似度を表す評価尺度であり，引数 iou（intersection over union）が真のときには，以下のように計算する.

$$DICE(A, B) = \frac{|A \cap B|}{|A| + |B| - |A \cap B| + 1}$$

引数 iou が偽（既定値）のときには，以下のように計算する.

$$DICE(A, B) = \frac{2|A \cap B|}{|A| + |B|}$$

例:

```
print("iou=False:", dice(in_,targs,iou=False))
print("iou=True:",dice(in_,targs,iou=True))
```

```
iou=False: tensor(0.5714)
iou=True: tensor(0.3333)
```

- 誤差率（error rate）

1− 正解率であり，上の例題では $1 - 0.4 = 0.6$ となる.

- 決定係数（coefficient of determination）R^2

回帰モデルによって実データをどれくらい説明できているか（回帰分析の精度）を表す指標であり，1 に近いほど精度が良いと解釈できる.

$$R^2 = 1 - \frac{\sum_{i=1}^{n}(y_i - \hat{y}_i)^2}{\sum_{i=1}^{n}(y_i - \bar{y})^2}$$

この定義だと（記号が R^2 であるにもかかわらず）負になる場合もあるので，注意を要する．最大値は 1 で誤差が 0 の状態である．R^2 が 0 とは，平均で予測をした場合と同じ精度という意味であり，負の場合は平均値より悪い予測を意味する．

• 平均自乗誤差（mean squared error）

　誤差の自乗の平均値であり，i 番目のデータの正解（目標値）を y_i，予測値を $\hat{y}_i$ としたとき，以下のように定義される．

$$MSE = \frac{\sum_{i=1}^{n}(\hat{y}_i - y_i)^2}{n}$$

これの平方根をとったものが root_mean_squared_error（RMSE）である．

$$RMSE = \sqrt{\frac{\sum_{i=1}^{n}(\hat{y}_i - y_i)^2}{n}}$$

• 平均絶対誤差（mean absolute error）

　誤差の絶対値の平均値である．

$$MAE = \frac{\sum_{i=1}^{n}|\hat{y}_i - y_i|}{n}$$

• 平均自乗対数誤差（mean squared logarithmic error）

　予測値，正解ともに対数をとったもので評価した平均自乗誤差である．

　これの平方根をとったものが root mean squared logarithmic error（RMSLE）である．

• MAPE 平均絶対パーセント誤差（mean absolute percentage error）

$$MAPE = \frac{\sum_{i=1}^{n}|(\hat{y}_i - y_i)/y_i|}{n}$$

• 適合率（precision）：正と予測したデータのうち，実際に正であるものの割合

$$precision = \frac{TP}{TP + FP}$$

• 再現率（recall）：実際に正であるもののうち，正であると予測されたものの割合

$$recall = \frac{TP}{TP + FN}$$

• f ベータ

　適合率と再現率をパラメータ β で調整した評価尺度であり，主に 2 値分類で用いられる．

$$f_\beta = (1 + \beta^2)\frac{precision \cdot recall}{(\beta^2 precision) + recall}$$

• 寄与率（explained variance）

「1− 誤差の分散/正解の分散」と定義される.

a. 自分で新しい評価尺度を作る方法

他の評価尺度から新たに評価尺度を生成するには，標準モジュールの functools にある partial を使うと簡単にできる．fastai ではすでに import した状態にあるので，以下のように呼び出せば良い．

```
acc_02 = partial(accuracy_thresh, thresh=0.2)
f_05 = partial(fbeta, beta=0.5)
```

最初の行では，閾値付き正解率に対して，閾値を 0.2 に固定した評価尺度 acc_02 を生成し，次の行では f ベータ のパラメータ（beta）を 0.5 に固定した評価尺度 f_05 を生成している．

17 PyCaret を用いた自動機械学習

- 自動機械学習パッケージ PyCaret (Classification And REgression Training) を解説する.

17.1 PyCaret とは

PyCaret（Classification And REgression Training）は，scikit-learn や他の機械学習パッケージのラッパーである．色々な機械学習を自動的に行なってくれるので，背景にある理論を理解していれば，容易に機械学習を行うことができる．公式ページは `https://pycaret.org/` である.

特徴としては，以下があげられる.

- 短いコードで機械学習ができる
- 自動化（AutoML）
- オープンソース

ここでは，以下の 5 つを解説する.

1) 回帰（regression）
2) 分類（classification）
3) クラスタリング（clustering）
4) 異常検知（anomaly detection）
5) アソシエーション・ルール・マイニング（association rule mining）

他にも，自然言語処理（natural language processing: NLP）や時系列（time series）などが含まれている.

17.2 Google Colab での実行の準備

以下の手順で準備をする. なお, 競合パッケージがある場合には, ランタイムをリセットする必要がある.

```
!pip install pycaret # すべてのパッケージをインストールするなら !pip install ↵
    pycaret[full]
from pycaret.utils import enable_colab
enable_colab()
```

17.3 回帰

■ 17.3.1 広告による売上の予測

広告のデータ http://logopt.com/data/Advertising.csv を用いる.

テレビ (TV), ラジオ (Radio), 新聞 (Newspaper) への広告から売上 (Sales) を予測する.

```
import pandas as pd
df = pd.read_csv(
    "http://logopt.com/data/Advertising.csv", index_col=0
) # 0行目をインデックスにする.
df.tail()
```

	TV	Radio	Newspaper	Sales
196	38.2	3.7	13.8	7.6
197	94.2	4.9	8.1	9.7
198	177.0	9.3	6.4	12.8
199	283.6	42.0	66.2	25.5
200	232.1	8.6	8.7	13.4

独立変数 (特徴ベクトル) X は TV, Radio, Newspaper の列, 従属変数 (ターゲット) y は Sales の列である.

■ 17.3.2 PyCaret の基本手順

- 手順1: setup (データフレーム) で準備をする. 引数 **target** でターゲットの列を指定. 引数 **session_id** で乱数の種を指定する. 自動的にデータの型を判定して, 入力待ちになる. 大丈夫ならリターンを押す. すると, 自動的に前処理が行われて, 結果が表示される. 必要なら, 前処理の方法を引数で指定し直す.
- 手順2: compare_models でモデルの比較を行う (もしくは create_model でモデルを生成する). 引数 **fold** で交差検証用のデータの分割数を指定する. 返値は最良の評

価値のモデルインスタンスである．

　（**注意**：遅い計算機で実行する際には，計算時間がかかるモデルを除いておくと良
い．引数 **exclude** で除きたいモデルのリストを入れる）

• 手順 3: predict_model で予測を行う．

```
from pycaret.regression import *  # 回帰関連の関数のインポート

reg = setup(df, target="Sales", session_id=123)
```

?	Description	Value
0	session_id	123
1	Target	Sales
2	Original Data	(200, 4)
3	Missing Values	False
4	Numeric Features	3
5	Categorical Features	0
6	Ordinal Features	False
7	High Cardinality Features	False
8	High Cardinality Method	None
9	Transformed Train Set	(139, 3)
	⋮	
48	Polynomial Threshold	None
49	Group Features	False
50	Feature Selection	False
51	Feature Selection Method	classic
52	Features Selection Threshold	None
53	Feature Interaction	False
54	Feature Ratio	False
55	Interaction Threshold	None
56	Transform Target	False
57	Transform Target Method	box-cox

```
best_model = compare_models(fold=5)
```

?	Model	MAE	MSE	RMSE	R2	RMSLE	MAPE	TT (Sec)
et	Extra Trees Regressor	0.4636	0.4248	0.6334	0.9837	0.0705	0.0523	0.0440
gbr	Gradient Boosting Regressor	0.6601	0.7945	0.8653	0.9704	0.0910	0.0709	0.0100
rf	Random Forest Regressor	0.7123	0.8845	0.9210	0.9667	0.0945	0.0750	0.0500
ada	AdaBoost Regressor	0.9116	1.3416	1.1366	0.9485	0.1020	0.0903	0.0140
dt	Decision Tree Regressor	0.9474	1.4913	1.2042	0.9418	0.1032	0.0836	0.2740
lightgbm	Light Gradient Boosting Machine	1.1357	2.4086	1.5262	0.9037	0.1636	0.1345	0.0120
knn	K Neighbors Regressor	1.3162	3.1928	1.7806	0.8757	0.1345	0.1183	0.0060
lasso	Lasso Regression	1.3792	3.3050	1.8048	0.8697	0.1819	0.1597	0.2820
en	Elastic Net	1.3775	3.3151	1.8066	0.8692	0.1830	0.1604	0.2700
lr	Linear Regression	1.3750	3.3262	1.8082	0.8686	0.1845	0.1613	0.4320
ridge	Ridge Regression	1.3750	3.3262	1.8082	0.8686	0.1845	0.1613	0.2700
lar	Least Angle Regression	1.3750	3.3262	1.8082	0.8686	0.1845	0.1613	0.2700
br	Bayesian Ridge	1.3794	3.3342	1.8112	0.8683	0.1836	0.1610	0.0040
huber	Huber Regressor	1.3576	3.5250	1.8620	0.8617	0.1901	0.1666	0.2840
omp	Orthogonal Matching Pursuit	2.6863	11.3136	3.3487	0.5605	0.2315	0.2279	0.2760
llar	Lasso Least Angle Regression	4.4043	28.2716	5.2705	-0.0619	0.3890	0.4302	0.2840
dummy	Dummy Regressor	4.4043	28.2716	5.2705	-0.0619	0.3890	0.4302	0.0040
par	Passive Aggressive Regressor	5.4260	78.1239	6.5130	-1.8399	0.3612	0.3984	0.0040

■ 17.3.3　回帰モデル

No.	略称	回帰モデル	概要
1	et	Extra Trees Regressor	ランダムに分割してアンサンブルする決定木ベースの手法
2	gbr	Gradient Boosting Regressor	勾配ブースティング法
3	xgboost	Extreme Gradient Boosting	xg ブースト（勾配ブースティング法に正則化を追加）
4	rf	Random Forest Regressor	ランダム森（ブートストラップによるランダムサンプリングと決定木のアンサンブル）
5	catboost	CatBoost Regressor	カテゴリー変数の扱いに工夫を入れた勾配ブースティング法
6	ada	AdaBoost Regressor	適応型の勾配ブースティング法
7	dt	Decision Tree Regressor	決定木
8	lightgbm	Light Gradient Boosting Machine	勾配ブースティング法の軽量版
9	knn	K Neighbors Regressor	k-近傍法
10	lasso	Lasso Regression	Lasso 回帰（正則化を入れた線形回帰）
11	en	Elastic Net	Elastic Net（正則化を入れた線形回帰）
12	lar	Least Angle Regression	予測値と教師データの偏差と相関が大きい特徴量を 1 つずつ追加していく方法
13	lr	Linear Regression	線形回帰
14	ridge	Ridge Regression	リッジ回帰（正則化を入れた線形回帰）
15	br	Bayesian Ridge	ベイズリッジ回帰
16	huber	Huber Regressor	Huber 回帰
17	omp	Orthogonal Matching Pursuit	貪欲に特徴量を 1 つずつ追加していく方法
18	llar	Lasso Least Angle Regression	Lasso に Least Angle Regression を適用して特徴量選択
19	dummy	Dummy Regressor	ベースになる簡単なモデル
20	par	Passive Aggressive Regressor	オンライン型の学習

■ 17.3.4　回帰モデルの評価尺度

以下の評価尺度が表示される．定義については深層学習の章を参照されたい．

- MAE 平均絶対誤差（mean absolute error）
- MSE 平均自乗誤差（mean squared error）
- RMSE 平均自乗誤差の平方根（root mean squared error）
- R2 決定係数（coefficient of determination）R^2
- RMSLE 平均自乗対数誤差の平方根（root mean squared logarithmic error）
- MAPE 平均絶対パーセント誤差（mean absolute percentage error）
- TT（sec）計算時間

```
best_model
```

```
ExtraTreesRegressor(bootstrap=False, ccp_alpha=0.0, criterion='mse',
                    max_depth=None, max_features='auto', max_leaf_nodes=None,
                    max_samples=None, min_impurity_decrease=0.0,
                    min_impurity_split=None, min_samples_leaf=1,
                    min_samples_split=2, min_weight_fraction_leaf=0.0,
                    n_estimators=100, n_jobs=-1, oob_score=False,
                    random_state=123, verbose=0, warm_start=False)
```

```
best_model_results = pull()  # 結果をデータフレームとして得る.
best_model_results.to_csv("best_model.csv") #結果をcsvファイルに保存
```

■ 17.3.5　予　測

```
predict_model(best_model)
```

	Model	MAE	MSE	RMSE	R2	RMSLE	MAPE
0	Extra Trees Regressor	0.3772	0.2647	0.5145	0.9898	0.0328	0.0280

	TV	Radio	Newspaper	Sales	Label
0	199.800003	3.100000	34.599998	11.4	11.080
1	80.199997	0.000000	9.200000	8.8	9.137
2	74.699997	49.400002	45.700001	14.7	13.937
3	44.700001	25.799999	20.600000	10.1	9.836
4	147.300003	23.900000	19.100000	14.6	14.633
...	...	...	...	...	...
56	66.099998	5.800000	24.200001	8.6	9.231
57	276.899994	48.900002	41.799999	27.0	25.154
58	120.500000	28.500000	14.200000	14.2	14.470
59	239.300003	15.500000	27.299999	15.7	15.422
60	239.800003	4.100000	36.900002	12.3	12.204

■ 17.3.6　可視化（回帰）

可視化の基本手順は以下の通り.

- 手順 1: plot_model（モデルインスタンス）で描画する. 引数 plot で描画の種類を指定する. 既定値は残差プロット.
- 手順 2: interpret_model（モデルインスタンス）で，結果の解釈を可視化する.

plot_model の引数 plot の種類は以下の通り.

- "residuals": 残差プロット（既定値）
- "error" : 誤差プロット
- "cooks": Cook の距離プロット（外れ値をみる）
- "feature": 特徴重要度プロット
- "learning": 学習曲線

- "vc": 検証曲線
- "manifold": 次元削減を行い特徴を 2 次元に射影した図
- "parameter": モデルのパラメータを表で表示
- "tree": 決定木の図示（木ベースの場合のみ）

```
plot_model(best_model);
```

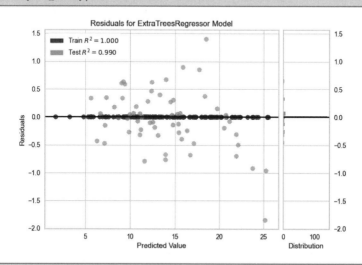

```
plot_model(best_model, plot="error");
```

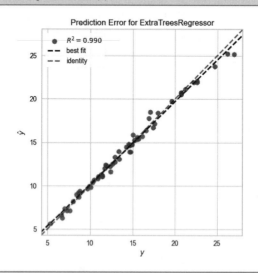

```
plot_model(best_model, plot="cooks");
```

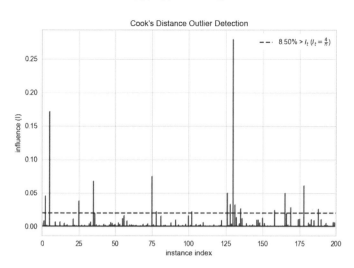

```
plot_model(best_model, plot="feature");
```

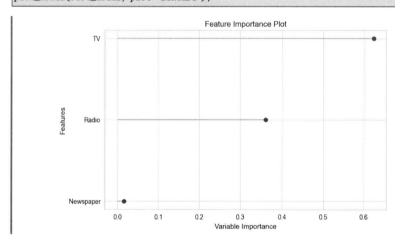

```
plot_model(best_model, plot="learning");
```

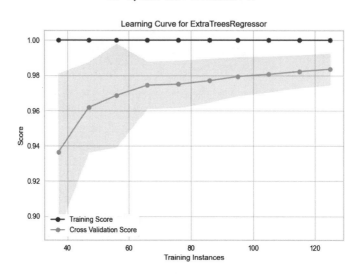

```
plot_model(best_model, plot="vc");
```

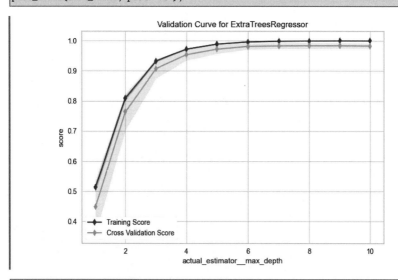

```
plot_model(best_model, plot="manifold");
```

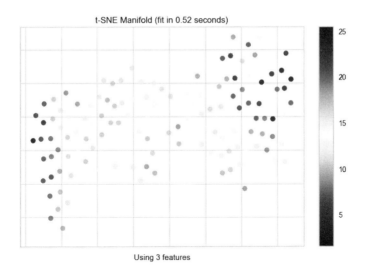

t-SNE Manifold (fit in 0.52 seconds)

Using 3 features

```
plot_model(best_model, plot="parameter");
```

	Parameters
bootstrap	False
ccp_alpha	0.0
criterion	mse
max_depth	None
max_features	auto
max_leaf_nodes	None
max_samples	None
min_impurity_decrease	0.0
min_impurity_split	None
min_samples_leaf	1
min_samples_split	2
min_weight_fraction_leaf	0.0
n_estimators	100
n_jobs	-1
oob_score	False
random_state	123
verbose	0
warm_start	False

小さな（深さ 3 の）決定木（dt）のモデルを作って可視化する.

```
dt = create_model("dt", max_depth=3)
plot_model(dt, plot="tree");
```

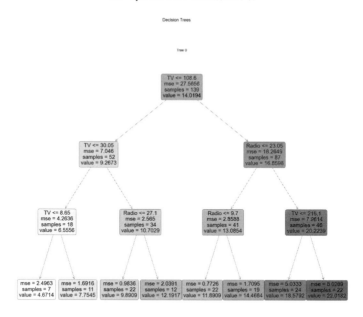

■ 17.3.7 モデルの解釈

interpret_model 関数は，SHAP 値（Shapley value）を計算する方法によってモデルの解釈を行う．

interpret_model の引数 plot の種類は，以下の通り．

- "summary": 各特徴の SHAP 値がターゲットに与える影響を表した図（既定値）
- "correlation": 特徴と SHAP 値の相関図
- "reason": 個々のデータに対する SHAP 値

```
interpret_model(best_model);
```

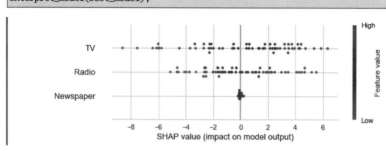

```
interpret_model(best_model, plot="correlation");
```

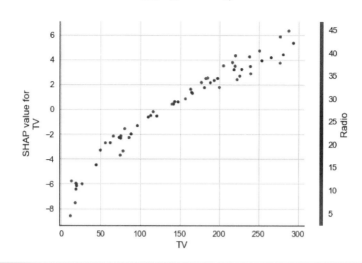

```
interpret_model(best_model, plot="reason", observation=10)
```

問題 202 （SAT,GPA）

http://logopt.com/data/SATGPA.csv データを用いて，2 種類の SAT の成績から GPA を予測せよ．

データをそのまま使うと"MathSAT"列と"VerbalSAT"列をカテゴリー変数としてしまうので，浮動小数点数に変換しておく．

```
gpa = pd.read_csv(
    "http://logopt.com/data/SATGPA.csv",
    index_col=0,
    dtype={"MathSAT": float, "VerbalSAT": float},
)
gpa.head()
```

	MathSAT	VerbalSAT	GPA
1	580.0	420.0	2.90
2	670.0	530.0	2.83
3	680.0	540.0	2.90
4	630.0	640.0	3.30
5	620.0	630.0	3.61

問題 203 （住宅価格）

http://logopt.com/data/Boston.csv の Boston の住宅データを用いて回帰分析

を行え.

medv が住宅の価格で，他のデータ（犯罪率や人口など）から予測する.

問題 204 （車の燃費）

`http://logopt.com/data/Auto.csv` の車の燃費のデータを用いて回帰分析を行え.
データの詳細については，

`https://vincentarelbundock.github.io/Rdatasets/doc/ISLR/Auto.html`
を参照せよ.

　最初の列が燃費（mpg: Mile Per Gallon）であり，これを他の列の情報を用いて予測
する. 最後の列は車名なので無視して良い.

問題 205 （コンクリートの強度）

　以下のコンクリートの強度の例題に対して，**strength** 列の強度を他の列の情報から，
線形回帰を用いて推定せよ.

```
concrete = pd.read_csv("http://logopt.com/data/concrete.csv")
concrete.head()
```

	cement	slag	ash	water	splast	coarse	fine	age	strength
0	540.0	0.0	0.0	162.0	2.5	1040.0	676.0	28	79.986111
1	540.0	0.0	0.0	162.0	2.5	1055.0	676.0	28	61.887366
2	332.5	142.5	0.0	228.0	0.0	932.0	594.0	270	40.269535
3	332.5	142.5	0.0	228.0	0.0	932.0	594.0	365	41.052780
4	198.6	132.4	0.0	192.0	0.0	978.4	825.5	360	44.296075

問題 206 （シェアバイク）

　以下のシェアバイクのデータに対して，**riders** 列が利用者数を線形回帰を用いて推
定せよ. ただし，**date** 列と **casual** 列は除いてから回帰を行え.

　また，なぜ **casual** 列を含めて推定をしないのか考察せよ.

```
bikeshare = pd.read_csv("http://logopt.com/data/bikeshare.csv")
bikeshare.head()
```

	date	season	year	month	hour	holiday	weekday	workingday	weather	temp	feelslike	humidity	windspeed
0	2011-01-01	1	0	1	0	0	6	0	1	0.24	0.2879	0.81	0.0
1	2011-01-01	1	0	1	1	0	6	0	1	0.22	0.2727	0.80	0.0
2	2011-01-01	1	0	1	2	0	6	0	1	0.22	0.2727	0.80	0.0
3	2011-01-01	1	0	1	3	0	6	0	1	0.24	0.2879	0.75	0.0
4	2011-01-01	1	0	1	4	0	6	0	1	0.24	0.2879	0.75	0.0 ↵

casual	registered	riders
3	13	16
8	32	40
5	27	32
3	10	13
0	1	1

■ 17.3.8　ダイアモンドの価格の予測（カテゴリー変数）

http://logopt.com/data/Diamond.csv からダイアモンドの価格データを読み込み，回帰による予測を行う．

列は ["carat","colour","clarity","certification","price"] であり，他の情報から価格（price）の予測を行え．

カラット（carat）以外の列は情報が文字列として保管されている．

これはカテゴリー変数とよばれる．

PyCaret では，前処理関数 setup で，自動的に変換してくれるので，手順は前とまったく同じである．

```
diamond = pd.read_csv("http://logopt.com/data/Diamond.csv", index_col=0)
diamond.head()
```

	carat	colour	clarity	certification	price
1	0.30	D	VS2	GIA	1302
2	0.30	E	VS1	GIA	1510
3	0.30	G	VVS1	GIA	1510
4	0.30	G	VS1	GIA	1260
5	0.31	D	VS1	GIA	1641

```
reg = setup(diamond, target="price", session_id=123)
```

	Description	Value
0	session_id	123
1	Target	price
2	Original Data	(308, 5)
3	Missing Values	False
4	Numeric Features	1
5	Categorical Features	3
6	Ordinal Features	False
7	High Cardinality Features	False
8	High Cardinality Method	None
9	Transformed Train Set	(215, 15)
	⋮	
48	Polynomial Threshold	None
49	Group Features	False
50	Feature Selection	False
51	Feature Selection Method	classic
52	Features Selection Threshold	None
53	Feature Interaction	False
54	Feature Ratio	False
55	Interaction Threshold	None
56	Transform Target	False
57	Transform Target Method	box-cox

```
best_model = compare_models(fold=5)
```

	Model	MAE	MSE	RMSE	R2	RMSLE	MAPE	TT (Sec)
et	Extra Trees Regressor	260.3273	337969.9621	510.4212	0.9707	0.0916	0.0608	0.0520
lightgbm	Light Gradient Boosting Machine	326.7242	363339.0916	555.4182	0.9679	0.1385	0.0925	0.0100
gbr	Gradient Boosting Regressor	283.0419	388652.0420	568.6945	0.9657	0.0892	0.0601	0.0100
rf	Random Forest Regressor	330.3894	417221.8575	594.7542	0.9631	0.1007	0.0711	0.0520
dt	Decision Tree Regressor	372.9116	482097.8233	640.5102	0.9574	0.1172	0.0832	0.0040
llar	Lasso Least Angle Regression	491.8227	495822.4883	677.2237	0.9542	0.3945	0.1944	0.0040
huber	Huber Regressor	479.5457	495364.6533	676.0879	0.9542	0.4670	0.1853	0.0080
lasso	Lasso Regression	496.8779	498086.1954	681.3048	0.9537	0.3819	0.2013	0.0060
br	Bayesian Ridge	498.8744	499117.9277	682.5451	0.9536	0.3795	0.2023	0.0040
lr	Linear Regression	498.3806	499579.1357	683.0280	0.9535	0.3833	0.2037	0.0040
lar	Least Angle Regression	498.3815	499580.3571	683.0292	0.9535	0.3833	0.2037	0.0060
par	Passive Aggressive Regressor	490.8640	575096.9221	723.4482	0.9480	0.4104	0.1534	0.0060
ridge	Ridge Regression	544.9786	601979.7551	747.5779	0.9452	0.4118	0.1738	0.0040
ada	AdaBoost Regressor	563.9603	874722.7655	903.3413	0.9193	0.1790	0.1418	0.0140
omp	Orthogonal Matching Pursuit	707.9308	1067712.4332	1002.2154	0.9024	0.7797	0.2185	0.0040
knn	K Neighbors Regressor	1361.7665	3603052.3224	1884.8057	0.6522	0.4608	0.4425	0.0060
en	Elastic Net	2230.8383	7406768.5232	2715.8799	0.2979	0.7104	0.8655	0.0040
dummy	Dummy Regressor	2759.4388	10816278.9558	3284.7335	-0.0269	0.8464	1.1507	0.0040

```
plot_model(best_model, plot="feature")
```

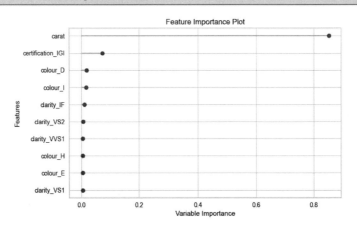

Feature Importance Plot

問題 207 （車の価格）

http://logopt.com/data/carprice.csv から車の価格データを読み込み，回帰に
よる予測を行え．

データの詳細は https://vincentarelbundock.github.io/Rdatasets/doc/DAAG
/carprice.html にある．

車種（Type），100 マイル走る際のガロン数（gpm100），都市部での 1 ガロンあたり
の走行距離（MPGcity），高速道路での 1 ガロンあたりの走行距離（MPGhighway）か
ら，価格（Price）を予測せよ．

問題 208 （チップ）

以下の tips データに対して回帰を用いてもらえるチップの額（tip）を予測せよ．

```
import seaborn as sns

tips = sns.load_dataset("tips")
tips.head()
```

	total_bill	tip	sex	smoker	day	time	size
0	16.99	1.01	Female	No	Sun	Dinner	2
1	10.34	1.66	Male	No	Sun	Dinner	3
2	21.01	3.50	Male	No	Sun	Dinner	3
3	23.68	3.31	Male	No	Sun	Dinner	2
4	24.59	3.61	Female	No	Sun	Dinner	4

17.4 2値分類

メールがスパム（spam；迷惑メイル）か否かを判定する例題を用いる．

https://archive.ics.uci.edu/ml/datasets/spambase

様々な数値情報から，**is_spam** 列が 1（スパムでない）か，0（スパム）かを判定する．

```
spam = pd.read_csv("http://logopt.com/data/spam.csv")
```

is_spam 列が従属変数（ターゲット）y になり，それ以外の列が独立変数（特徴ベクトル）X になる．

```
from pycaret.classification import *

clf = setup(data=spam, target="is_spam", session_id=123)
```

?	Description	Value
0	session_id	123
1	Target	is_spam
2	Target Type	Binary
3	Label Encoded	None
4	Original Data	(4600, 58)
5	Missing Values	False
6	Numeric Features	57
7	Categorical Features	0
8	Ordinal Features	False
9	High Cardinality Features	False
:	:	
50	Polynomial Threshold	None
51	Group Features	False
52	Feature Selection	False
53	Feature Selection Method	classic
54	Features Selection Threshold	None
55	Feature Interaction	False
56	Feature Ratio	False
57	Interaction Threshold	None
58	Fix Imbalance	False
59	Fix Imbalance Method	SMOTE

```
best_model = compare_models()
```

?	Model	Accuracy	AUC	Recall	Prec.	F1	Kappa	MCC	TT (Sec)
lightgbm	Light Gradient Boosting Machine	0.9553	0.9864	0.9369	0.9478	0.9422	0.9057	0.9059	0.0350
et	Extra Trees Classifier	0.9528	0.9851	0.9337	0.9446	0.9390	0.9005	0.9007	0.0600
rf	Random Forest Classifier	0.9494	0.9846	0.9186	0.9499	0.9339	0.8929	0.8933	0.0720
gbc	Gradient Boosting Classifier	0.9431	0.9824	0.9098	0.9423	0.9256	0.8796	0.8801	0.0990
ada	Ada Boost Classifier	0.9329	0.9763	0.9089	0.9182	0.9133	0.8586	0.8589	0.0350
lr	Logistic Regression	0.9267	0.9705	0.8882	0.9208	0.9041	0.8448	0.8453	0.3110
dt	Decision Tree Classifier	0.9074	0.9059	0.8970	0.8702	0.8829	0.8064	0.8072	0.0110
lda	Linear Discriminant Analysis	0.8875	0.9516	0.7860	0.9129	0.8444	0.7572	0.7627	0.0080
ridge	Ridge Classifier	0.8866	0.0000	0.7820	0.9143	0.8426	0.7549	0.7608	0.0050
nb	Naive Bayes	0.8139	0.9457	0.9521	0.6893	0.7994	0.6342	0.6636	0.1390
qda	Quadratic Discriminant Analysis	0.7944	0.8677	0.9617	0.6629	0.7846	0.6004	0.6391	0.0060
knn	K Neighbors Classifier	0.7937	0.8608	0.7285	0.7395	0.7332	0.5652	0.5659	0.1590
svm	SVM - Linear Kernel	0.7011	0.0000	0.7289	0.5736	0.6026	0.3873	0.4308	0.0060
dummy	Dummy Classifier	0.6111	0.5000	0.0000	0.0000	0.0000	0.0000	0.0000	0.0040

■ 17.4.1　分類モデル

No.	略称	分類モデル	概要
1	et	Extra Trees Classifier	ランダムに分割してアンサンブルする決定木ベースの手法
2	gbc	Gradient Boosting Classifier	勾配ブースティング法
3	xgboost	Extreme Gradient Boosting	xg ブースト（勾配ブースティング法に正則化を追加）
4	rf	Random Forest Classifier	ランダム森（ブートストラップによるランダムサンプリングと決定木のアンサンブル）
5	catboost	CatBoost Classifier	カテゴリー変数の扱いに工夫を入れた勾配ブースティング法
6	ada	AdaBoost Classifier	適応型の勾配ブースティング法
7	dt	Decision Tree Classifier	決定木
8	lightgbm	Light Gradient Boosting Machine	勾配ブースティング法の軽量版
9	knn	K Neighbors Classifier	k-近傍法
10	lda	Linear Discriminant Analysis	線形判別分析（すべてのクラスで同じ正規分布を仮定）
11	qda	Quadratic Discriminant Analysis	2 次判別分析（各クラスで異なる正規分布を仮定）
12	lr	Logistic Regression	ロジスティック回帰
13	ridge	Ridge Classifier	リッジ分類
14	nb	Naive Bayes	単純ベイズ
15	svm	SVM - Linear Kernel	サポートベクトルマシン（線形カーネル）
16	dummy	Dummy Classifier	ベースになる簡単なモデル

■ 17.4.2　分類モデルの評価尺度

以下の評価尺度が表示される．解説のない評価尺度の定義については，機械学習ならびに深層学習の章を参照されたい．

- Accuracy：正解率
- AUC： area under the curve
- Recall： 再現率 (recall)

- Prec. ：適合率 (precision)
- F1 ： f1 score
- Kappa

Cohen の提案した κ (kappa) は，予測も正解もランダムに発生すると仮定したときの確率で補正した指標であり，以下のように定義される．

偶然 TP になる確率

$$p_{tp} = \frac{\mathrm{TP} + \mathrm{FN}}{\mathrm{TP} + \mathrm{FN} + \mathrm{FP} + \mathrm{TN}} \cdot \frac{\mathrm{TP} + \mathrm{FP}}{\mathrm{TP} + \mathrm{FN} + \mathrm{FP} + \mathrm{TN}}$$

偶然 TN になる確率

$$p_{tn} = \frac{\mathrm{FN} + \mathrm{TN}}{\mathrm{TP} + \mathrm{FN} + \mathrm{FP} + \mathrm{TN}} \cdot \frac{\mathrm{FP} + \mathrm{TN}}{\mathrm{TP} + \mathrm{FN} + \mathrm{FP} + \mathrm{TN}}$$

偶然正解する確率

$$p_e = p_{tp} + p_{tn}$$

上の記号を用いると，κ は以下のようになる．

$$\kappa = \frac{p_0 - p_e}{1 - p_e}$$

- MCC (Matthews correlation coefficient)

MCC は，非均一データでも大丈夫で，かつ対称性をもつ（positive と negative を入れ替えても同じ）という特徴をもつ指標であり，以下のように定義される．

$$\mathrm{MCC} = \frac{\mathrm{TP} \times \mathrm{TN} - \mathrm{FP} \times \mathrm{FN}}{\sqrt{(\mathrm{TP} + \mathrm{FP})(\mathrm{TP} + \mathrm{FN})(\mathrm{TN} + \mathrm{FP})(\mathrm{TN} + \mathrm{FN})}}$$

- TT（Sec）計算時間

```
best_model
```

```
LGBMClassifier(boosting_type='gbdt', class_weight=None, colsample_bytree=1.0,
               importance_type='split', learning_rate=0.1, max_depth=-1,
               min_child_samples=20, min_child_weight=0.001, min_split_gain=0.0,
               n_estimators=100, n_jobs=-1, num_leaves=31, objective=None,
               random_state=123, reg_alpha=0.0, reg_lambda=0.0, silent='warn',
               subsample=1.0, subsample_for_bin=200000, subsample_freq=0)
```

■ 17.4.3　可視化（分類）

可視化は plot_model（モデルインスタンス）で描画する．引数 plot で描画の種類を指定できる．interpret_model は回帰と同じである．

plot_model 関数の引数 plot の種類を以下に示す（回帰と同じものは省略）．

- "auc": ROC 曲線の下の面積 （既定値）
- "threshold": 識別閾値（discrimination threshold） を変えたときの評価尺度の変化
- "pr" : 適合率（precision） と再現率（recall） を表示
- "confusion_matrix": 混合行列
- "error": クラスごとの誤差を表示
- "class_report": クラスごとの評価尺度のヒートマップ
- "boundary": 決定の境界の図示
- "calibration": キャリブレーション（検量）曲線の図示
- "dimension" : Dimension Learning
- "gain" : データの一部（パーセンテージ）でどれだけクラスを予測できたか（これを gain と呼ぶ） を表した図
- "lift" : 上の gain とベースライン（予測モデルを使わない場合）の比をプロットしたもの

```
plot_model(best_model, plot="auc");
```

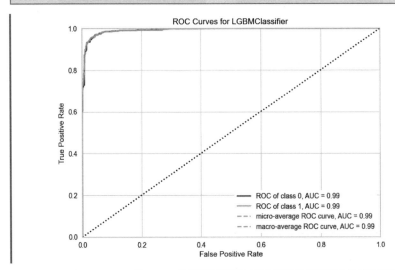

```
plot_model(best_model, plot="threshold");
```

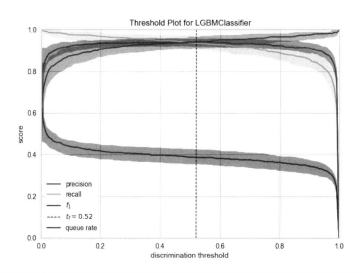

```
plot_model(best_model, plot="pr");
```

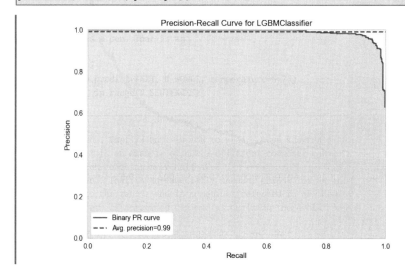

```
plot_model(best_model, plot="confusion_matrix");
```

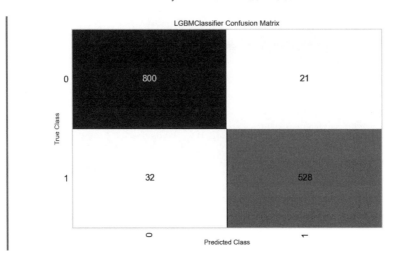

```
plot_model(best_model, plot="error");
```

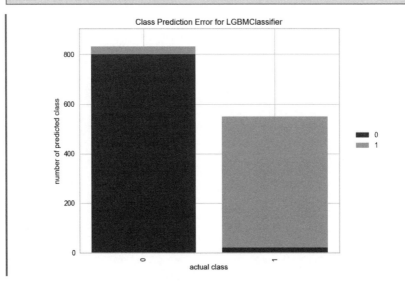

```
plot_model(best_model, plot="class_report");
```

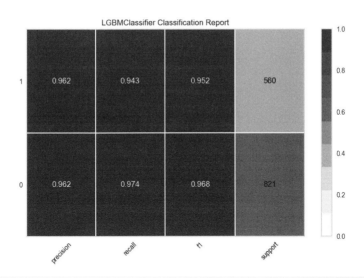

```
plot_model(best_model, plot="boundary");
```

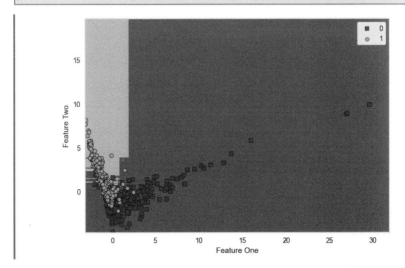

```
plot_model(best_model, plot="calibration");
```

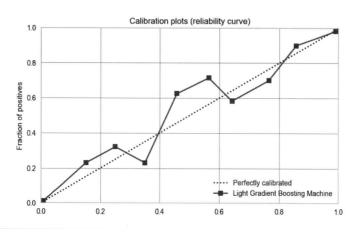

```
plot_model(best_model, plot="dimension");
```

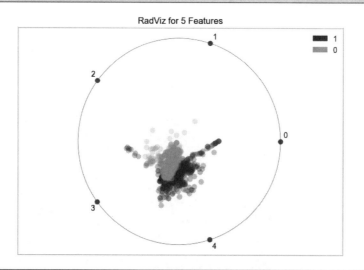

```
plot_model(best_model, plot="lift");
```

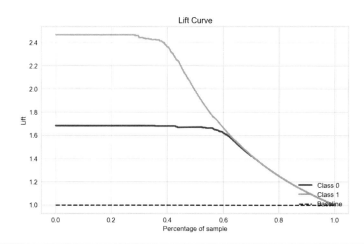

```
plot_model(best_model, plot="gain");
```

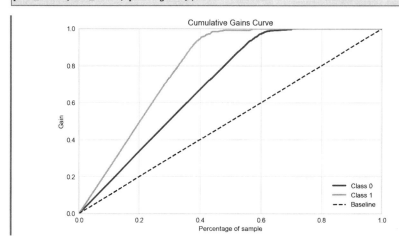

多クラス分類

2値分類だけでなく，3種類以上の分類もできる．以下ではアヤメのデータを用いて分類を行い，3種類のアヤメを分類する．

```
import plotly.express as px

iris = px.data.iris()
iris.head()
```

	sepal_length	sepal_width	petal_length	petal_width	species	species_id
0	5.1	3.5	1.4	0.2	setosa	1
1	4.9	3.0	1.4	0.2	setosa	1
2	4.7	3.2	1.3	0.2	setosa	1
3	4.6	3.1	1.5	0.2	setosa	1
4	5.0	3.6	1.4	0.2	setosa	1

```
clf = setup(data=iris, target="species", ignore_features=["species_id"], session_id
    =123)
```

?	Description	Value
0	session_id	123
1	Target	species
2	Target Type	Multiclass
3	Label Encoded setosa: 0, versicolor: 1, virginica: 2	
4	Original Data	(150, 6)
5	Missing Values	False
6	Numeric Features	4
7	Categorical Features	0
8	Ordinal Features	False
9	High Cardinality Features	False
	⋮	
50	Polynomial Threshold	None
51	Group Features	False
52	Feature Selection	False
53	Feature Selection Method	classic
54	Features Selection Threshold	None
55	Feature Interaction	False
56	Feature Ratio	False
57	Interaction Threshold	None
58	Fix Imbalance	False
59	Fix Imbalance Method	SMOTE

```
best_model = compare_models()
```

?	Model	Accuracy	AUC	Recall	Prec.	F1	Kappa	MCC	TT (Sec)
lda	Linear Discriminant Analysis	0.9809	0.9969	0.9833	0.9857	0.9809	0.9715	0.9739	0.0030
knn	K Neighbors Classifier	0.9800	0.9830	0.9806	0.9800	0.9800	0.9697	0.9697	0.1470
qda	Quadratic Discriminant Analysis	0.9709	0.9969	0.9750	0.9782	0.9709	0.9566	0.9602	0.0030
lr	Logistic Regression	0.9609	0.9921	0.9611	0.9622	0.9596	0.9403	0.9422	0.2370
nb	Naive Bayes	0.9609	0.9938	0.9611	0.9652	0.9605	0.9407	0.9432	0.1370
dt	Decision Tree Classifier	0.9509	0.9616	0.9500	0.9598	0.9479	0.9249	0.9309	0.1430
gbc	Gradient Boosting Classifier	0.9509	0.9782	0.9500	0.9598	0.9479	0.9249	0.9309	0.0270
et	Extra Trees Classifier	0.9509	0.9890	0.9528	0.9532	0.9509	0.9258	0.9269	0.0310
rf	Random Forest Classifier	0.9409	0.9875	0.9417	0.9422	0.9396	0.9100	0.9119	0.0350
ada	Ada Boost Classifier	0.9409	0.9895	0.9417	0.9467	0.9391	0.9100	0.9146	0.0140
lightgbm	Light Gradient Boosting Machine	0.9409	0.9883	0.9417	0.9422	0.9396	0.9100	0.9119	0.0100
ridge	Ridge Classifier	0.8182	0.0000	0.8222	0.8304	0.8080	0.7251	0.7423	0.0030
svm	SVM - Linear Kernel	0.7227	0.0000	0.7444	0.6062	0.6420	0.5863	0.6548	0.0040
dummy	Dummy Classifier	0.3855	0.5000	0.3333	0.1489	0.2147	0.0000	0.0000	0.0020

以下の可視化を行う.

- 混合行列（ConfusionMatrix）
- 特徴重要度

3 値以上の場合には，閾値を変化させる可視化はできないことに注意.

```
plot_model(best_model, plot="confusion_matrix");
```

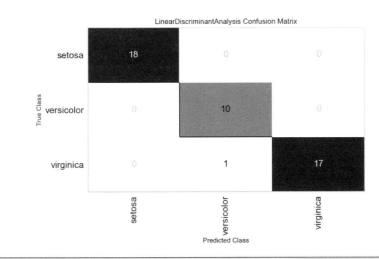

```
plot_model(best_model, plot="feature");
```

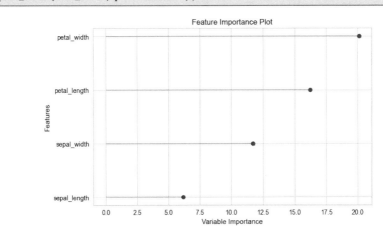

17.6 チューニングと実験ログの保存

ここでは，データから毒キノコか否かを判定する使う．

target 列がターゲット（従属変数）であり，**edible** が食用，**poisonous** が毒である．他の列のデータもすべて数値ではない．

PyCaret では，自動的に前処理をしてくれるので，手順はまったく同じである．

```
mashroom = pd.read_csv("http://logopt.com/data/mashroom.csv")
mashroom.head()
```

	target	shape	surface	color
0	edible	convex	smooth	yellow
1	edible	bell	smooth	white
2	poisonous	convex	scaly	white
3	edible	convex	smooth	gray
4	edible	convex	scaly	yellow

■ 17.6.1 前処理

setup で前処理を行うとき，引数 log_experiment を True にしておくと，実験結果を保存してくれる．また，引数 experiment_name で実験名を指定し，引数 log_plots を True にすることによって，図を保存する．

```python
from pycaret.classification import *

clf = setup(
    data=mashroom,
    target="target",
    session_id=123,
    log_experiment=True,
    experiment_name="mashroom_1",
    log_plots=True,
)
```

?	Description	Value
0	session_id	123
1	Target	target
2	Target Type	Binary
3	Label Encoded	edible: 0, poisonous: 1
4	Original Data	(8123, 4)
5	Missing Values	False
6	Numeric Features	0
7	Categorical Features	3
8	Ordinal Features	False
9	High Cardinality Features	False
	⋮	
50	Polynomial Threshold	None
51	Group Features	False
52	Feature Selection	False
53	Feature Selection Method	classic
54	Features Selection Threshold	None
55	Feature Interaction	False
56	Feature Ratio	False
57	Interaction Threshold	None
58	Fix Imbalance	False
59	Fix Imbalance Method	SMOTE

■ 17.6.2 ベスト 5 の手法を保存

```python
best_5 = compare_models(n_select=5)
```

?	Model	Accuracy	AUC	Recall	Prec.	F1	Kappa	MCC	TT (Sec)
gbc	Gradient Boosting Classifier	0.6993	0.8015	0.7196	0.6777	0.6977	0.3991	0.4002	0.0510
lightgbm	Light Gradient Boosting Machine	0.6973	0.8062	0.6515	0.7013	0.6744	0.3925	0.3943	0.0150
dt	Decision Tree Classifier	0.6952	0.8050	0.6456	0.7000	0.6708	0.3880	0.3898	0.0050
et	Extra Trees Classifier	0.6952	0.8052	0.6456	0.7000	0.6708	0.3880	0.3898	0.0510
rf	Random Forest Classifier	0.6943	0.8050	0.6507	0.6967	0.6723	0.3866	0.3879	0.0680
knn	K Neighbors Classifier	0.6774	0.7534	0.6803	0.6699	0.6676	0.3547	0.3610	0.0280
lr	Logistic Regression	0.6627	0.7183	0.6657	0.6461	0.6557	0.3252	0.3255	0.0110
ridge	Ridge Classifier	0.6623	0.0000	0.6650	0.6459	0.6552	0.3245	0.3247	0.0040
lda	Linear Discriminant Analysis	0.6623	0.7155	0.6650	0.6459	0.6552	0.3245	0.3247	0.0070
ada	Ada Boost Classifier	0.6590	0.7140	0.6522	0.6453	0.6485	0.3174	0.3176	0.0230
svm	SVM - Linear Kernel	0.6490	0.0000	0.5614	0.6770	0.5946	0.2930	0.3084	0.0070
nb	Naive Bayes	0.5405	0.7039	0.9880	0.5123	0.6747	0.1079	0.2179	0.0040
dummy	Dummy Classifier	0.5176	0.5000	0.0000	0.0000	0.0000	0.0000	0.0000	0.0040
qda	Quadratic Discriminant Analysis	0.4824	0.0000	1.0000	0.4824	0.6508	0.0000	0.0000	0.0040

■ 17.6.3 チューニング

ベスト 5 の方法のパラメータをチューニングする.

```
tuned = [tune_model(i) for i in best_5]
```

Fold	? Accuracy	AUC	Recall	Prec.	F1	Kappa	MCC
	?	?	?	?	?	?	?
0	0.7469	0.8330	0.8686	0.6879	0.7677	0.4979	0.5143
1	0.6784	0.7806	0.8029	0.6304	0.7063	0.3621	0.3752
2	0.6503	0.7619	0.8175	0.6005	0.6924	0.3085	0.3285
3	0.6907	0.7773	0.8182	0.6410	0.7188	0.3862	0.4005
4	0.6678	0.7839	0.7891	0.6236	0.6966	0.3406	0.3522
5	0.6924	0.7897	0.8582	0.6344	0.7295	0.3911	0.4155
6	0.6496	0.7464	0.7883	0.6050	0.6846	0.3056	0.3193
7	0.7113	0.8269	0.8613	0.6519	0.7421	0.4281	0.4498
8	0.6954	0.7898	0.8467	0.6391	0.7284	0.3968	0.4174
9	0.6778	0.7671	0.8139	0.6282	0.7091	0.3613	0.3766
Mean	0.6861	0.7857	0.8265	0.6342	0.7176	0.3778	0.3949
Std	0.0275	0.0255	0.0285	0.0233	0.0240	0.0543	0.0556

■ 17.6.4 Bagging

Bagging（Bootstrap aggregating）はアンサンブル法の一種である. 繰り返しを許してサンプリング（bootstrap）し，結果の多数決（aggregating）をとることによって，元の手法の分散を減らし，過剰適合を減らす.

```
bagged = [ensemble_model(i) for i in tuned]
```

	Accuracy	AUC	Recall	Prec.	F1	Kappa	MCC
0	0.7452	0.8301	0.8796	0.6827	0.7687	0.4948	0.5147
1	0.6854	0.7859	0.8321	0.6316	0.7181	0.3770	0.3956
2	0.6503	0.7581	0.8175	0.6005	0.6924	0.3085	0.3285
3	0.6907	0.7821	0.8182	0.6410	0.7188	0.3862	0.4005
4	0.6643	0.7804	0.7891	0.6200	0.6944	0.3338	0.3458
5	0.6924	0.7859	0.8582	0.6344	0.7295	0.3911	0.4155
6	0.6496	0.7450	0.8139	0.6011	0.6915	0.3068	0.3259
7	0.7113	0.8247	0.8613	0.6519	0.7421	0.4281	0.4498
8	0.7007	0.7951	0.8759	0.6383	0.7385	0.4082	0.4366
9	0.6778	0.7651	0.8139	0.6282	0.7091	0.3613	0.3766
Mean	0.6868	0.7852	0.8360	0.6330	0.7203	0.3796	0.3990
SD	0.0275	0.0254	0.0291	0.0228	0.0238	0.0542	0.0559

■ 17.6.5　Blending

異なる手法の多数決をとる方法が blending である.

```
blender = blend_models(estimator_list=tuned)
```

?	Accuracy	AUC	Recall	Prec.	F1	Kappa	MCC
Fold	?	?	?	?	?	?	?
0	0.7381	0.8485	0.7263	0.7289	0.7276	0.4755	0.4755
1	0.7012	0.7914	0.7299	0.6757	0.7018	0.4034	0.4046
2	0.6626	0.7784	0.7117	0.6331	0.6701	0.3272	0.3295
3	0.7170	0.8088	0.7491	0.6913	0.7190	0.4350	0.4364
4	0.7047	0.8199	0.7491	0.6754	0.7103	0.4109	0.4132
5	0.7047	0.8184	0.7818	0.6656	0.7191	0.4121	0.4181
6	0.6708	0.7757	0.7153	0.6426	0.6770	0.3433	0.3453
7	0.7324	0.8461	0.7482	0.7118	0.7295	0.4651	0.4656
8	0.6937	0.8017	0.7409	0.6634	0.7000	0.3890	0.3915
9	0.6831	0.7798	0.7409	0.6506	0.6928	0.3684	0.3717
Mean	0.7008	0.8069	0.7393	0.6739	0.7047	0.4030	0.4051
Std	0.0233	0.0252	0.0192	0.0285	0.0193	0.0458	0.0452

■ 17.6.6　実験結果を表示

以下を実行して，ブラウザで http://127.0.0.1:5000 を開くと結果を対話的に確認できる.

```
!mlflow ui
```

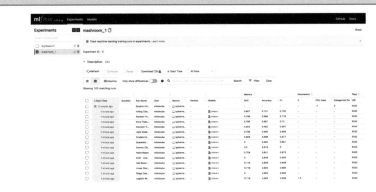

問題 209　（クレジットカード）

以下のクレジットカードのデフォルトの判定データに対して分類を行え.

default 列にデフォルトか否かの情報があり，他の列の情報を用いて分類せよ.

ただし，データ数が多いので，引数に exclude=["catboost"] を入れて CatBoost を除いてモデルを比較せよ.

```
credit = pd.read_csv("http://logopt.com/data/credit.csv")
credit.tail()
```

	limit	sex	edu	married	age	apr_delay	may_delay	jun_delay	jul_delay	aug_delay	...	jul_bill
29995	220000	1	3	1	39	0	0	0	0	0	...	88004
29996	150000	1	3	2	43	-1	-1	-1	-1	0	...	8979
29997	30000	1	2	2	37	4	3	2	-1	0	...	20878
29998	80000	1	3	1	41	1	-1	0	0	0	...	52774
29999	50000	1	2	1	46	0	0	0	0	0	...	36535 ↵

aug_bill	sep_bill	apr_pay	may_pay	jun_pay	jul_pay	aug_pay	sep_pay	default
31237	15980	8500	20000	5003	3047	5000	1000	0
5190	0	1837	3526	8998	129	0	0	0
20582	19357	0	0	22000	4200	2000	3100	1
11855	48944	85900	3409	1178	1926	52964	1804	1
32428	15313	2078	1800	1430	1000	1000	1000	1

問題 210 （部屋）

以下の部屋が使われているか否かを判定するデータに対して分類を行え.

occupancy 列が部屋が使われているか否かを表す情報であり，これを **datetime** 列以外の情報から分類せよ.

```
occupancy = pd.read_csv("http://logopt.com/data/occupancy.csv")
occupancy.tail()
```

	datetime	temperature	relative humidity	light	CO2	humidity	occupancy
20555	2015-02-18 09:15:00	20.815	27.7175	429.75	1505.25	0.004213	1
20556	2015-02-18 09:16:00	20.865	27.7450	423.50	1514.50	0.004230	1
20557	2015-02-18 09:16:59	20.890	27.7450	423.50	1521.50	0.004237	1
20558	2015-02-18 09:17:59	20.890	28.0225	418.75	1632.00	0.004279	1
20559	2015-02-18 09:19:00	21.000	28.1000	409.00	1864.00	0.004321	1

問題 211 （タイタニック）

titanic データに対して分類を行い，死亡確率の推定を行え.

ただし，モデルの比較の際には，fold=5, exclude=["ridge"] を引数で与えよ.

```
titanic = pd.read_csv("http://logopt.com/data/titanic.csv")
titanic.head()
```

	PassengerId	Survived	Pclass	Name	Sex	Age	SibSp	Parch
0	1	0	3	Braund, Mr. Owen Harris	male	22.0	1	0
1	2	1	1	Cumings, Mrs. John Bradley (Florence Briggs Th...	female	38.0	1	0
2	3	1	3	Heikkinen, Miss. Laina	female	26.0	0	0
3	4	1	1	Futrelle, Mrs. Jacques Heath (Lily May Peel)	female	35.0	1	0
4	5	0	3	Allen, Mr. William Henry	male	35.0	0	0 ↵

	Ticket	Fare	Cabin	Embarked
	A/5 21171	7.2500	NaN	S
	PC 17599	71.2833	C85	C
	STON/O2. 3101282	7.9250	NaN	S
	113803	53.1000	C123	S
	373450	8.0500	NaN	S

問題 212 （胸部癌）

http://logopt.com/data/cancer.csv にある胸部癌か否かを判定するデータセットを用いて分類を行え.

最初の列 **diagnosis** が癌か否かを表すものであり，"M"が悪性（malignant），"B"が良

性（benign）を表す.

```
cancer = pd.read_csv("http://logopt.com/data/cancer.csv", index_col=0)
cancer.head()
```

```
      diagnosis radius_mean texture_mean perimeter_mean area_mean smoothness_mean compactness_mean
id
842302        M       17.99        10.38         122.80    1001.0         0.11840          0.27760
842517        M       20.57        17.77         132.90    1326.0         0.08474          0.07864
84300903      M       19.69        21.25         130.00    1203.0         0.10960          0.15990
84348301      M       11.42        20.38          77.58     386.1         0.14250          0.28390
84358402      M       20.29        14.34         135.10    1297.0         0.10030          0.13280 ↩

concavity_mean concave points_mean symmetry_mean ... radius_worst texture_worst perimeter_worst

        0.3001              0.14710        0.2419 ...        25.38         17.33          184.60
        0.0869              0.07017        0.1812 ...        24.99         23.41          158.80
        0.1974              0.12790        0.2069 ...        23.57         25.53          152.50
        0.2414              0.10520        0.2597 ...        14.91         26.50           98.87
        0.1980              0.10430        0.1809 ...        22.54         16.67          152.20 ↩

area_worst smoothness_worst compactness_worst concavity_worst concave points_worst symmetry_worst

    2019.0           0.1622            0.6656          0.7119               0.2654         0.4601
    1956.0           0.1238            0.1866          0.2416               0.1860         0.2750
    1709.0           0.1444            0.4245          0.4504               0.2430         0.3613
     567.7           0.2098            0.8663          0.6869               0.2575         0.6638
    1575.0           0.1374            0.2050          0.4000               0.1625         0.2364 ↩

symmetry_worst fractal_dimension_worst

        0.4601                 0.11890
        0.2750                 0.08902
        0.3613                 0.08758
        0.6638                 0.17300
        0.2364                 0.07678
```

17.7 クラスタリング

　UCI 機械学習レポジトリのワインに関するデータセットを用いてクラスタリングを
解説する. 使用するのは k-平均法である.

　元データは http://logopt.com/data/wine.data にある.

　列名は https://archive.ics.uci.edu/ml/datasets/Wine で解説されている.

```
L = [
    "Alcohol",
    "Malic",
    "Ash",
    "Alcalinity",
    "Magnesium",
    "Phenols",
    "Flavanoids",
    "Nonflavanoid",
    "Proanthocyanins",
    "Color",
    "Hue",
    "OD280",
```

```
    "OD315",
    "Proline",
]
wine = pd.read_csv("http://logopt.com/data/wine.data", names=L)
wine.head()
```

	Alcohol	Malic	Ash	Alcalinity	Magnesium	Phenols	Flavanoids	Nonflavanoid	Proanthocyanins	Color	Hue	OD280
0	1 14.23	1.71	2.43	15.6	127	2.80	3.06		0.28	2.29	5.64	1.04
1	1 13.20	1.78	2.14	11.2	100	2.65	2.76		0.26	1.28	4.38	1.05
2	1 13.16	2.36	2.67	18.6	101	2.80	3.24		0.30	2.81	5.68	1.03
3	1 14.37	1.95	2.50	16.8	113	3.85	3.49		0.24	2.18	7.80	0.86
4	1 13.24	2.59	2.87	21.0	118	2.80	2.69		0.39	1.82	4.32	1.04 ↵

	OD315	Proline
	3.92	1065
	3.40	1050
	3.17	1185
	3.45	1480
	2.93	735

```
from pycaret.clustering import *

cluster = setup(wine, session_id=123)
```

?	Description	Value
0	session_id	123
1	Original Data	(178, 14)
2	Missing Values	False
3	Numeric Features	13
4	Categorical Features	1
5	Ordinal Features	False
6	High Cardinality Features	False
7	High Cardinality Method	None
8	Transformed Data	(178, 16)
9	CPU Jobs	-1
:	:	:
40	Polynomial Degree	None
41	Trignometry Features	False
42	Polynomial Threshold	None
43	Group Features	False
44	Feature Selection	False
45	Feature Selection Method	classic
46	Features Selection Threshold	None
47	Feature Interaction	False
48	Feature Ratio	False
49	Interaction Threshold	None

　クラスタリングも create_model 関数で生成する. 引数 **model** でモデルの種類を設定する.

　引数 model の種類は以下の通り (すべて scikit-learn を利用している).

- "kmeans": k-平均法 (各点の重心までの距離の和を最小化)
- "ap": Affinity Propagation
- "meanshift": Mean shift Clustering
- "sc": スペクトラル・クラスタリング (低次元に射影してから k-平均法)
- "hclust": 階層的クラスタリング法
- "dbscan": DBSCAN (Density-Based Spatial Clustering)
- "optics": DBSCAN の一般化
- "birch" : Birch Clustering

- "kmodes": *k*-Modes Clustering

  クラスターの数は，引数 **num_clusters**（既定値は 4）で与える．

```
kmeans = create_model("kmeans", num_clusters=4)
```

	Silhouette	Calinski-Harabasz	Davies-Bouldin	Homogeneity	Rand Index	Completeness
0	0.5606	707.3425	0.5446	0	0	0

得られたクラスタリングを元のデータフレームに書き込む．

```
kmean_results = assign_model(kmeans)
kmean_results.head()
```

	Alcohol	Malic	Ash	Alcalinity	Magnesium	Phenols	Flavanoids	Nonflavanoid	Proanthocyanins	Color	Hue	OD280
0	1 14.23	1.71	2.43	15.6	127	2.80	3.06		0.28	2.29	5.64	1.04
1	1 13.20	1.78	2.14	11.2	100	2.65	2.76		0.26	1.28	4.38	1.05
2	1 13.16	2.36	2.67	18.6	101	2.80	3.24		0.30	2.81	5.68	1.03
3	1 14.37	1.95	2.50	16.8	113	3.85	3.49		0.24	2.18	7.80	0.86
4	1 13.24	2.59	2.87	21.0	118	2.80	2.69		0.39	1.82	4.32	1.04 ↵

	OD315	Proline	Cluster
3.92	1065	Cluster 3
3.40	1050	Cluster 3
3.17	1185	Cluster 1
3.45	1480	Cluster 1
2.93	735	Cluster 0

■17.7.1 クラスタリングの評価尺度

- Silhouette: シルエット値；クラスター内の平均距離 a と最も近い別のクラスターとの平均距離 b に対して $(b-a)/\max(a,b)$ と定義される．他のクラスターと離れているとき 1 に近くなる．
- Calinski-Harabasz: クラスター間の分散とクラスター内の分散の比を合計したもの；大きいほどクラスターが分離している．
- Davies-Bouldin：クラスター内と最も類似しているクラスター間の類似度の比の平均；小さいほどクラスターが分離している．
- Homogeneity: 均質性尺度；正解が必要；0 から 1 の値をとり，1 に近いほど良い．
- Rand Index：2 つのクラスターに対して，正解と同じ割当になっている割合を表す尺度；−1 から 1 の値をとり，1 のとき正解と同じ．
- Completeness：正解のクラスターに含まれるデータが，同じクラスターに含まれる割合；0 から 1 の値をとり，1 に近いほど良い．

```
ap = create_model("ap")
```

	Silhouette	Calinski-Harabasz	Davies-Bouldin	Homogeneity	Rand Index	Completeness
0	0.518	1323.6567	0.5247	0	0	0

```
meanshift = create_model("meanshift")
```

	Silhouette	Calinski-Harabasz	Davies-Bouldin	Homogeneity	Rand Index	Completeness
0	0.5025	454.0492	0.5562	0	0	0

```
sc = create_model("sc")
```

	Silhouette	Calinski-Harabasz	Davies-Bouldin	Homogeneity	Rand Index	Completeness
0	0.2803	3.3691	0.4477	0	0	0

```
hclust = create_model("hclust")
```

	Silhouette	Calinski-Harabasz	Davies-Bouldin	Homogeneity	Rand Index	Completeness
0	0.5606	670.5942	0.5536	0	0	0

```
dbscan = create_model("dbscan")   # Bug?
```

	Silhouette	Calinski-Harabasz	Davies-Bouldin	Homogeneity	Rand Index	Completeness
0	0	0	0	0	0	0

```
optics = create_model("optics")
```

	Silhouette	Calinski-Harabasz	Davies-Bouldin	Homogeneity	Rand Index	Completeness
0	0.0752	33.4027	4.3619	0	0	0

```
birch = create_model("birch")
```

	Silhouette	Calinski-Harabasz	Davies-Bouldin	Homogeneity	Rand Index	Completeness
0	0.5606	670.5942	0.5536	0	0	0

```
kmodes = create_model("kmodes")
```

	Silhouette	Calinski-Harabasz	Davies-Bouldin	Homogeneity	Rand Index	Completeness
0	0.0731	80.7988	26.5829	0	0	0

■ 17.7.2　可視化（クラスタリング）

plot_model（モデルインスタンス）で可視化する.

plot_model 関数の引数 plot の種類は, 以下の通り.

- "cluster": クラスターを主成分分析 (PCA) によって 2 次元に表示した図 (Plotly)
- "tsne": クラスターを t-SNE(t-Distributed Stochastic Neighbor Embedding) によって 3 次元に表示した図 (Plotly)
- "elbow": 分割数を表すパラメータ k の適正化 （エルボー法）の図
- "silhouette": シルエット係数 (クラスター内の平均距離 a と最も近い別のクラスターとの平均距離 b に対して $(b-a)/\max(a, b)$ と定義される；他のクラスターと離れているとき 1 に近くなる）の図示
- "distance": クラスター間の距離の図示
- "distribution": クラスターに含まれるデータ数の分布図 (Plotly)

```
plot_model(kmeans)
```

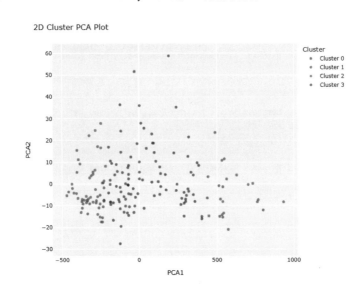

```
plot_model(kmeans, plot="tsne")
```

```
plot_model(kmeans, plot="elbow");
```

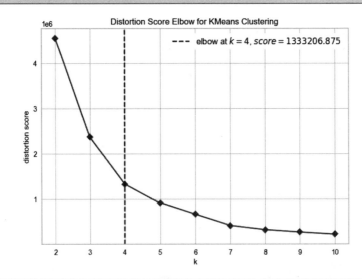

```
plot_model(kmeans, plot="silhouette");
```

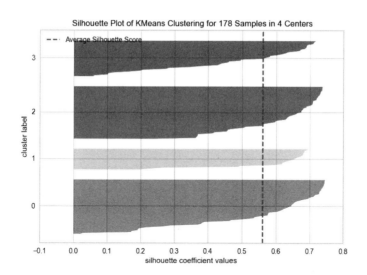

```
plot_model(kmeans, plot="distance");
```

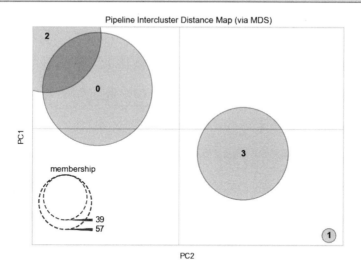

```
plot_model(kmeans, plot="distribution");
```

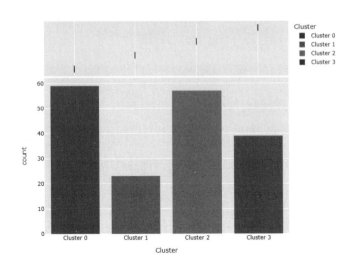

問題 213 （アヤメ）

iris のデータセットの各データを k-平均法を用いて 3 つのクラスターに分けて可視化せよ．また，他の手法を 1 つ選んでクラスタリングと可視化をし，k-平均法と比較せよ．

```
iris = px.data.iris()
iris.head()
```

	sepal_length	sepal_width	petal_length	petal_width	species	species_id
0	5.1	3.5	1.4	0.2	setosa	1
1	4.9	3.0	1.4	0.2	setosa	1
2	4.7	3.2	1.3	0.2	setosa	1
3	4.6	3.1	1.5	0.2	setosa	1
4	5.0	3.6	1.4	0.2	setosa	1

17.8 異常検知

異常検知（anomaly detection）は，教師なし学習を用いて，稀なイベントやアイテムを検知するための手法である．

ここでは，ネズミのデータを用いて異常検知を行う．

```
df = get_data("mice")
print(df.shape)
```

	MouseID	DYRK1A_N	ITSN1_N	BDNF_N	NR1_N	NR2A_N	pAKT_N	pBRAF_N	pCAMKII_N	pCREB_N	...	pCFOS_N
0	309_1	0.503644	0.747193	0.430175	2.816329	5.990152	0.218830	0.177565	2.373744	0.232224	...	0.108336
1	309_2	0.514617	0.689064	0.411770	2.789514	5.685038	0.211636	0.172817	2.292150	0.226972	...	0.104315
2	309_3	0.509183	0.730247	0.418309	2.687201	5.622059	0.209011	0.175722	2.283337	0.230247	...	0.106219
3	309_4	0.442107	0.617076	0.358626	2.466947	4.979503	0.222886	0.176463	2.152301	0.207004	...	0.111262
4	309_5	0.434940	0.617430	0.358802	2.365785	4.718679	0.213106	0.173627	2.134014	0.192158	...	0.110694

SYP_N	H3AcK18_N	EGR1_N	H3MeK4_N	CaNA_N	Genotype	Treatment	Behavior	class
0.427099	0.114783	0.131790	0.128186	1.675652	Control	Memantine	C/S	c-CS-m
0.441581	0.111974	0.135103	0.131119	1.743610	Control	Memantine	C/S	c-CS-m
0.435777	0.111883	0.133362	0.127431	1.926427	Control	Memantine	C/S	c-CS-m
0.391691	0.130405	0.147444	0.146901	1.700563	Control	Memantine	C/S	c-CS-m
0.434154	0.118481	0.140314	0.148380	1.839730	Control	Memantine	C/S	c-CS-m

(1080, 82)

■ 17.8.1　前処理

まずは，anomaly サブモジュールをすべて読み込み，setup で準備をする．ここでは，ignore_features 引数に無視したい列名のリスト ["MouseID"] を入れ，さらに normalize 引数を True に変更しデータの正規化を行う．

```
from pycaret.anomaly import *
anomaly = setup(df, normalize = True, ignore_features=["MouseID"],session_id = 123)
```

?	Description	Value
0	session_id	123
1	Original Data	(1080, 82)
2	Missing Values	True
3	Numeric Features	77
4	Categorical Features	4
5	Ordinal Features	False
6	High Cardinality Features	False
7	High Cardinality Method	None
8	Transformed Data	(1080, 91)
9	CPU Jobs	-1
:		
40	Polynomial Degree	None
41	Trignometry Features	False
42	Polynomial Threshold	None
43	Group Features	False
44	Feature Selection	False
45	Feature Selection Method	classic
46	Features Selection Threshold	None
47	Feature Interaction	False
48	Feature Ratio	False
49	Interaction Threshold	None

■ 17.8.2　モデルの生成

次に，モデルを生成する．モデル（アルゴリズム）の種類は model 引数で指定する．ここでは，iforest を用いる．

モデルの種類は，以下の通り．

- "abod": Angle-base Outlier Detection. 角度を用いることによって次元の呪いを回避した手法
- "cluster": Clustering-Based Local Outlier. クラスタリングを用いた手法
- "cof": Connectivity-Based Local Outlier. 連結性を用いた手法

- "iforest": Isolation Forest. 決定木を用いた手法
- "histogram": Histogram-based Outlier Detection. 度数分布表（ヒストグラム）に基づく手法
- "knn": K-Nearest Neighbors Detector. k-近傍法
- "lof": Local Outlier Factor. 局所的な外れ値尺度 (local outlier factor. k-近傍への平均距離の逆数) を用いた手法
- "svm": One-class SVM detector. サポートベクトルマシン
- "pca": Principal Component Analysis. 主成分分析
- "mcd": Minimum Covariance Determinant. 共分散行列の最小行列式に基づく手法
- "sod": Subspace Outlier Detection. 高次元データに対処するために部分空間を用いた手法
- "sos": Stochastic Outlier Selection. 統計的外れ値検知法

```
iforest = create_model("iforest")
```

■ 17.8.3 結果の書き込み

異常か否かのフラグ（外れ値のとき 1）と異常度のスコアの列を追加したデータフレームを生成するには，assign_model を使う.

```
results = assign_model(iforest)
results.head().iloc[:,-10:] #最後の10列を表示
```

	H3AcK18_N	EGR1_N	H3MeK4_N	CaNA_N	Genotype	Treatment	Behavior	class	Anomaly	Anomaly_Score
0	0.114783	0.131790	0.128186	1.675652	Control	Memantine	C/S	c-CS-m	0	-0.047601
1	0.111974	0.135103	0.131119	1.743610	Control	Memantine	C/S	c-CS-m	0	-0.051520
2	0.111883	0.133362	0.127431	1.926427	Control	Memantine	C/S	c-CS-m	0	-0.059658
3	0.130405	0.147444	0.146901	1.700563	Control	Memantine	C/S	c-CS-m	0	-0.085645
4	0.118481	0.140314	0.148380	1.839730	Control	Memantine	C/S	c-CS-m	0	-0.088287

■ 17.8.4 可視化

可視化には plot_model を使うが，引数 plot で可視化手法を選択できる. 以下の 2 つが準備されている.

- "tsne"（既定値）: t-SNE（t-Distributed Stochastic Neighbor Embedding）によって 3 次元に表示した図 (Plotly)
- "umap": 一般的な非線形関数に対応した次元削減（Uniform Manifold Approximation and Projection）によって 2 次元に表示した図（Plotly）

```
plot_model(iforest)
```

3d TSNE Plot for Outliers

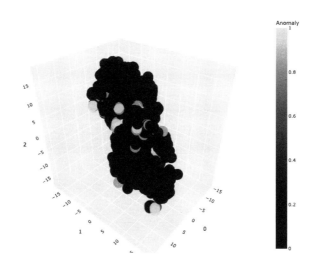

```
plot_model(iforest, plot = "umap")
```

uMAP Plot for Outliers

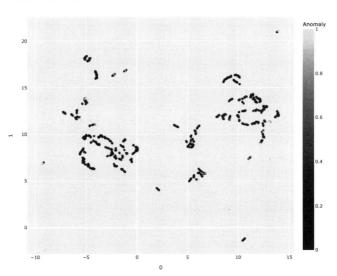

問題 214（スパムの判定）

メールがスパム（spam; 迷惑メイル）か否かを判定する以下の例題に対して，異常検知を iforest を用いて行い，umap で描画せよ．ただし，データの **is_spam** 列が 1（スパム）か，0（スパムでない）かの情報を含んでいるので，それを除いたデータを前処理で準備する．

```
spam = pd.read_csv("http://logopt.com/data/spam.csv")
spam.head()
```

17.9 アソシエーション・ルール・マイニング

アソシエーション・ルール・マイニングとは，データセット内の「興味ある」関係を発見するための手法である．

ここでは例として，インボイス番号（注文番号）とそれに含まれる商品（アイテム）の関係のデータセットを用いる．

InvoiceNo の列が注文番号であり，Description の列に商品名が入っている．同じ注文番号に含まれるアイテムの情報をもとに，どのアイテムとどのアイテムが同時に注文されるかを分析（マイニング）する．

```
df = get_data("france")
```

	InvoiceNo	StockCode	Description	Quantity	InvoiceDate	UnitPrice	CustomerID	Country
0	536370	22728	ALARM CLOCK BAKELIKE PINK	24	12/1/2010 8:45	3.75	12583.0	France
1	536370	22727	ALARM CLOCK BAKELIKE RED	24	12/1/2010 8:45	3.75	12583.0	France
2	536370	22726	ALARM CLOCK BAKELIKE GREEN	12	12/1/2010 8:45	3.75	12583.0	France
3	536370	21724	PANDA AND BUNNIES STICKER SHEET	12	12/1/2010 8:45	0.85	12583.0	France
4	536370	21883	STARS GIFT TAPE	24	12/1/2010 8:45	0.65	12583.0	France

■ 17.9.1　前処理

setup でデータの準備をする．以下の 3 つの引数を指定する必要がある．

- transaction_id: 注文を表す列名を入れる．この例では"InvoiceNo".
- item_id: アイテムを表す列を入れる．この例では "Description".
- ignore_items: 無視するアイテム名のリストを入れる．ここでは，各注文に必ず含まれる "POSTAGE"（送料）を除くものとする．

```
from pycaret.arules import *
rule = setup(data = df, transaction_id = "InvoiceNo", item_id = "Description", ↵
    ignore_items=["POSTAGE"])
```

Description	Value
session_id	8313
# Transactions	461
# Items	1565
Ignore Items	['POSTAGE']

■ 17.9.2 モデルの生成

create_model で, アソシエーション・ルールを含んだデータフレームが生成される.

ルールは, 「条件 (antecedents) → 帰結 (consequents)」の形式で表示され, 評価尺度は以下の通りである.

事象 x の出現割合を support(x) と記す.

ルール「A -> C」に対して:

- antecedent support: support(A)
- consequent support: support(C)
- support: 支持度 support(A + C)
- confidence: 信頼度 support(A + C) / support(A);既定値ではこの順に並んでいる.
- lift: リフト値 confidence(A → C) / support(C)
- leverage: support(A → C) − support(A) × support(C)
- conviction: [1 − support(C)] / [1 − confidence(A → C)]

```
model = create_model()
model.head()
```

	antecedents	consequents	antecedent support
0	(SET/6 RED SPOTTY PAPER PLATES, SET/20 RED RET...	(SET/6 RED SPOTTY PAPER CUPS)	0.0868
1	(SET/20 RED RETROSPOT PAPER NAPKINS , SET/6 RE...	(SET/6 RED SPOTTY PAPER PLATES)	0.0868
2	(SET/6 RED SPOTTY PAPER PLATES)	(SET/6 RED SPOTTY PAPER CUPS)	0.1085
3	(CHILDRENS CUTLERY SPACEBOY)	(CHILDRENS CUTLERY DOLLY GIRL)	0.0586
4	(SET/6 RED SPOTTY PAPER CUPS)	(SET/6 RED SPOTTY PAPER PLATES)	0.1171 ↵

consequent support	support	confidence	lift	leverage	conviction
0.1171	0.0846	0.9750	8.3236	0.0744	35.3145
0.1085	0.0846	0.9750	8.9895	0.0752	35.6616
0.1171	0.1041	0.9600	8.1956	0.0914	22.0716
0.0629	0.0542	0.9259	14.7190	0.0505	12.6508
0.1085	0.1041	0.8889	8.1956	0.0914	8.0239

■ 17.9.3 可視化

plot_model で, 2 次元(既定値)と 3 次元の図が描画できる.

```
plot_model(model)   #save引数はない.
```

```
plot_model(model, plot="3d")
```

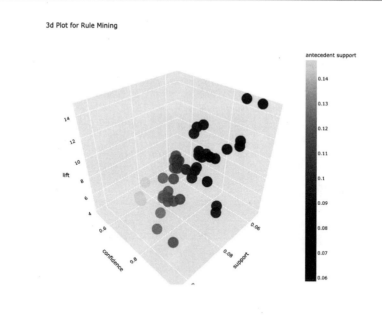

問題 215 （アイルランドのオンラインショップ）

上の例題のデータは，オンラインショップのデータ https://archive.ics.uci.edu /ml/datasets/online+retail から，Country 列が "France" のものを抽出したデータ

である. 以下のデータは, 同じデータから Country 列が "EIRE"（アイルランド）を抽出したものである. これを読み込み, 上と同様のアソシエーション・ルール・マイニングを行え. ただし, 今回はアイテム "POSTAGE" は除かなくて良い.

```
df = pd.read_csv("http://logopt.com/data/ireland.csv", index_col=0)
df.head()
```

	InvoiceNo	StockCode	Description	Quantity	InvoiceDate	UnitPrice	CustomerID
1404	536540	22968	ROSE COTTAGE KEEPSAKE BOX	4	2010-12-01 14:05:00	9.95	14911.0
1405	536540	85071A	BLUE CHARLIE+LOLA PERSONAL DOORSIGN	6	2010-12-01 14:05:00	2.95	14911.0
1406	536540	85071C	CHARLIE+LOLA"EXTREMELY BUSY" SIGN	6	2010-12-01 14:05:00	2.55	14911.0
1407	536540	22355	CHARLOTTE BAG SUKI DESIGN	50	2010-12-01 14:05:00	0.85	14911.0
1408	536540	21579	LOLITA DESIGN COTTON TOTE BAG	6	2010-12-01 14:05:00	2.25	14911.0 ↵

CustomerID	Country
14911.0	EIRE
14911.0	EIRE
14911.0	EIRE
14911.0	EIRE
14911.0	EIRE

問題の解答

第 15 章

175

```
gpa = pd.read_csv("http://logopt.com/data/SATGPA.↩
    csv", index_col=0)
gpa.head()

gpa = pd.read_csv("http://logopt.com/data/SATGPA.↩
    csv", index_col=0)
y = gpa["GPA"]
X = gpa.drop("GPA", axis=1)

reg = LinearRegression()
reg.fit(X, y)
yhat = reg.predict(X)

visualizer = PredictionError(reg)
visualizer.fit(X, y)
visualizer.score(X, y)
visualizer.show();

visualizer = ResidualsPlot(reg)
visualizer.fit(X, y)
visualizer.score(X, y)
visualizer.show();
```

176

```
boston = pd.read_csv("http://logopt.com/data/↩
    Boston.csv", index_col=0)
boston.head()

boston = pd.read_csv("http://logopt.com/data/↩
    Boston.csv", index_col=0)
y = boston["medv"]
X = boston.drop("medv", axis=1)
reg = LinearRegression()
reg.fit(X, y)
yhat = reg.predict(X)

visualizer = PredictionError(reg)
visualizer.fit(X, y)
visualizer.score(X, y)
visualizer.show();

visualizer = ResidualsPlot(reg)
```

```
visualizer.fit(X, y)
visualizer.score(X, y)
visualizer.show();
```

177

```
car = pd.read_csv("http://logopt.com/data/Auto.↩
    csv", index_col=0)
y = car["mpg"]
X = car.drop(["mpg","name"], axis=1)
reg = LinearRegression()
reg.fit(X, y)
yhat = reg.predict(X)

visualizer = PredictionError(reg)
visualizer.fit(X, y)
visualizer.score(X, y)
visualizer.show();

visualizer = ResidualsPlot(reg)
visualizer.fit(X, y)
visualizer.score(X, y)
visualizer.show();
```

178

```
concrete = pd.read_csv("http://logopt.com/data/↩
    concrete.csv")
y = concrete["strength"]
X = concrete.drop("strength", axis=1)
reg = LinearRegression()
reg.fit(X, y)
yhat = reg.predict(X)

visualizer = PredictionError(reg)
visualizer.fit(X, y)
visualizer.score(X, y)
visualizer.show();

visualizer = ResidualsPlot(reg)
visualizer.fit(X, y)
visualizer.score(X, y)
visualizer.show();
```

179

```
bikeshare = pd.read_csv("http://logopt.com/data/↩
    bikeshare.csv")
y = bikeshare["riders"]
X = bikeshare.drop(["riders","date", "casual"], ↩
```

```
        axis=1)
reg = LinearRegression()
reg.fit(X, y)
yhat = reg.predict(X)

visualizer = PredictionError(reg)
visualizer.fit(X, y)
visualizer.score(X, y)
visualizer.show();

visualizer = ResidualsPlot(reg)
visualizer.fit(X, y)
visualizer.score(X, y)
visualizer.show();
```

180

```
carprice = pd.read_csv("http://logopt.com/data/↵
        carprice.csv", index_col=0)
carprice = pd.get_dummies(carprice, drop_first=↵
        True)
y = carprice["Price"]
X = carprice.drop(["Price", "MinPrice", "MaxPrice↵
        ", "RoughRange"], axis=1)

reg = LinearRegression()
reg.fit(X, y)
yhat = reg.predict(X)

visualizer = PredictionError(reg)
visualizer.fit(X, y)
visualizer.score(X, y)
visualizer.show();

visualizer = ResidualsPlot(reg)
visualizer.fit(X, y)
visualizer.score(X, y)
visualizer.show();
```

181

```
import seaborn as sns
tips = sns.load_dataset("tips")
tips = pd.get_dummies(tips, drop_first=True)
y = tips["tip"]
X = tips.drop("tip", axis=1)

reg = LinearRegression()
reg.fit(X, y)
yhat = reg.predict(X)

visualizer = PredictionError(reg)
visualizer.fit(X, y)
visualizer.score(X, y)
visualizer.show();

visualizer = ResidualsPlot(reg)
visualizer.fit(X, y)
visualizer.score(X, y)
visualizer.show();
```

182

```
credit = pd.read_csv("http://logopt.com/data/↵
        credit.csv")
y = credit.default
X = credit.drop("default", axis=1)
logreg = LogisticRegression(solver="liblinear")
logreg.fit(X,y)

cm = ConfusionMatrix(logreg,classes=[0,1])
cm.fit(X, y)
cm.score(X, y)
cm.show();
```

183

```
occupancy = pd.read_csv("http://logopt.com/data/↵
        occupancy.csv")
y = occupancy.occupancy
X = occupancy.drop(["datetime","occupancy"], axis↵
        =1)

logreg = LogisticRegression(solver="liblinear")
logreg.fit(X,y)

cm = ConfusionMatrix(logreg,classes=[0,1])
cm.fit(X, y)
cm.score(X, y)
cm.show();

visualizer = ROCAUC(logreg, size=(600,400))
visualizer.fit(X, y)
visualizer.score(X, y)
visualizer.show();
```

184

```
titanic = pd.read_csv("http://logopt.com/data/↵
        titanic.csv")
y = titanic.Survived
X = titanic.drop("Survived", axis=1)
X = X.fillna(X.mode().iloc[0]) #↵
        NaNを最頻値（モード）で置き換え
X = OrdinalEncoder().fit_transform(X)

logreg = LogisticRegression(solver="liblinear")
logreg.fit(X,y)

y_pred = logreg.predict(X)
print("正解率
        =",metrics.accuracy_score(y, y_pred))

cm = ConfusionMatrix(logreg,classes=[0,1])
cm.fit(X, y)
cm.score(X, y)
cm.show();

visualizer = ROCAUC(logreg, size=(600,400))
visualizer.fit(X, y)
visualizer.score(X, y)
visualizer.show();
```

185

```
cancer = pd.read_csv("http://logopt.com/data/↵
    cancer.csv", index_col=0)
y = cancer["diagnosis"]
X= cancer.drop("diagnosis", axis=1)

y = LabelEncoder().fit_transform(y)

logreg = LogisticRegression(solver="liblinear")
logreg.fit(X,y)

cm = ConfusionMatrix(logreg,classes=[0,1])
cm.fit(X, y)
cm.score(X, y)
cm.show();

visualizer = ROCAUC(logreg, size=(600,400))
visualizer.fit(X, y)
visualizer.score(X, y)
visualizer.show();
```

186

```
import plotly.express as px
iris = px.data.iris()
iris
y = iris.species_id
X = iris[ ["sepal_width","petal_width"] ]
X = StandardScaler().fit_transform(X)

knn = KNeighborsClassifier(1) #5に変えてみよ
knn.fit(X, y)
y_pred = knn.predict(X)
print("正解率
    =",metrics.accuracy_score(y, y_pred))

viz = DecisionViz(
knn, title = "Nearest Neighbors",
features = ["sepal_width","petal_width"],
classes = ["Iris-setosa", "Iris-versicolor", "↵
    Iris-virginica"]
)
viz.fit(X, y)
viz.draw(X, y)
viz.show();
```

187

```
y = iris.species_id
X = iris[ ["sepal_width","petal_width"] ]
X_train, X_test, y_train, y_test = ↵
    train_test_split(X, y)

logreg = LogisticRegression()
logreg.fit(X_train, y_train)
y_pred = logreg.predict(X_test)
print("正解率 (iris) =",metrics.accuracy_score(↵
    y_test, y_pred))

titanic = pd.read_csv("http://logopt.com/data/↵
    titanic.csv")
```

```
y = titanic.Survived
X = titanic.drop("Survived", axis=1)

X = X.fillna(X.mode().iloc[0]) #↵
    NaNを最頻値（モード）で置き換え
X = OrdinalEncoder().fit_transform(X)
X_train, X_test, y_train, y_test = ↵
    train_test_split(X, y)

logreg = LogisticRegression()
logreg.fit(X_train, y_train)
y_pred = logreg.predict(X_test)
print("正解率 (titanic) =",metrics.accuracy_score↵
    (y_test, y_pred))

diamond = pd.read_csv("http://logopt.com/data/↵
    Diamond.csv", index_col=0)
diamond = pd.get_dummies(diamond, drop_first=True↵
    )
y = diamond.price
X = diamond.drop("price",axis=1)
X_train, X_test, y_train, y_test = ↵
    train_test_split(X, y)

reg = LinearRegression()
reg.fit(X_train, y_train)
print("決定係数
        (linear) =", reg.score(X_test,y_test))

ridge = Ridge(alpha=0.03)
ridge.fit(X_train, y_train)
print("決定係数
        (ridge) =",ridge.score(X_test,y_test))
```

188

```
import pandas as pd
titanic = pd.read_csv("http://logopt.com/data/↵
    titanic.csv")
y = titanic.Survived
X = titanic.drop("Survived", axis=1)

X = X.fillna(X.mode().iloc[0]) #↵
    NaNを最頻値（モード）で置き換え
X = OrdinalEncoder().fit_transform(X)
X_train, X_test, y_train, y_test = ↵
    train_test_split(X, y)

neural = MLPClassifier()
scores = cross_val_score(neural, X, y, cv=10, ↵
    scoring="accuracy")
print("neural net", scores.mean())

bayes = GaussianNB()
scores = cross_val_score(bayes, X, y, cv=10, ↵
    scoring="accuracy")
print("naive bays", scores.mean())

tree_class = tree.DecisionTreeClassifier() #決定
    木
scores = cross_val_score(tree_class, X, y, cv=10,↵
```

```
      scoring="accuracy")
print("decision tree", scores.mean())

forest = RandomForestClassifier()
scores = cross_val_score(forest, X, y, cv=10, ↵
      scoring="accuracy")
print("random forest", scores.mean())
```

189

```
from sklearn.cluster import KMeans

X = iris[["sepal_length", "sepal_width", "↵
      petal_length", "petal_width"]]
kmeans = KMeans(n_clusters=3)
kmeans.fit(X)
iris["label"] = kmeans.labels_
```

190

```
import pandas as pd
import seaborn as sns
from sklearn.decomposition import PCA

drinks = pd.read_csv("http://logopt.com/data/↵
      drinks.csv")
X = drinks.iloc[:, 1:-1]
Z = PCA(n_components=2).fit_transform(X)
drinks["X"] = Z[:, 0]
drinks["Y"] = Z[:, 1]
sns.lmplot(x="X", y="Y", hue="continent", fit_reg↵
      =False, data=drinks)
```

191

```
from sklearn.cluster import KMeans
L = [
"Alcohol",
"Malic",
"Ash",
"Alcalinity",
"Magnesium",
"Phenols",
"Flavanoids",
"Nonflavanoid",
"Proanthocyanins",
"Color",
"Hue",
"OD280",
"OD315",
"Proline",
]
wine = pd.read_csv("http://logopt.com/data/wine.↵
      data", names=L)

kmeans = KMeans(n_clusters=4)
kmeans.fit(wine)
wine["label"] = kmeans.labels_

Z = PCA(n_components=2).fit_transform(wine)
wine["X"] = Z[:, 0]
wine["Y"] = Z[:, 1]
```

```
sns.lmplot(x="X", y="Y", hue="label", fit_reg=↵
      False, data=wine)
```

192

```
X = iris[ ["sepal_length","sepal_width","↵
      petal_length","petal_width"] ]
y = iris["species_id"]
rf = RandomForestClassifier()
rf.fit(X, y)
result = permutation_importance(rf, X, y)
print(result.importances_mean)
viz = FeatureImportances(rf)
viz.fit(X, y)
viz.show();
```

193

```
cancer = pd.read_csv("http://logopt.com/data/↵
      cancer.csv", index_col=0)
y = cancer["diagnosis"]
X = cancer.drop("diagnosis", axis=1)
rf = RandomForestClassifier()
rf.fit(X, y)
result = permutation_importance(rf, X, y)
print(result.importances_mean)
viz = FeatureImportances(rf)
viz.fit(X, y)
viz.show();
```

第 16 章

194

```
spam = pd.read_csv("http://logopt.com/data/spam.
    csv")
procs = [Categorify, FillMissing, Normalize] #前
    処理の種類を準備.
train_idx, valid_idx = train_test_split(range(len
    (spam)), test_size=0.3) #検証用データのイン
    デックスを準備.
dep_var = "is_spam" #従属変数名を準備.
cont_names, cat_names = cont_cat_split(spam, ←
    max_card = 50, dep_var=dep_var)
dls = TabularDataLoaders.from_df(spam, y_names=
    dep_var, procs = procs, cont_names=
    cont_names, cat_names=cat_names)
learn = tabular_learner(dls, metrics=accuracy)
learn.fit_one_cycle(30,1e-3)
```

195

```
mashroom = pd.read_csv("http://logopt.com/data/
    mashroom.csv", dtype = {"shape":"category"
    , "surface":"category", "color":"category"
    })
procs = [Categorify, FillMissing, Normalize] #前
    処理の種類を準備.
train_idx, valid_idx = train_test_split(range(len
    (mashroom)), test_size=0.3) #検証用データの
    インデックスを準備.
dep_var = "target" #従属変数名を準備.
cont_names, cat_names = cont_cat_split(mashroom,
    max_card = 50, dep_var=dep_var)
#print(cat_names, cont_names)
dls = TabularDataLoaders.from_df(mashroom, ←
    y_names=dep_var, procs = procs, cont_names
    =cont_names, cat_names=cat_names)
learn = tabular_learner(dls, metrics=accuracy)
learn.fit_one_cycle(30,1e-3)
```

196

```
titanic = pd.read_csv("http://logopt.com/data/
    titanic.csv")
train_idx, valid_idx = train_test_split(range(len
    (titanic)), test_size=0.2) #検証用データの
    インデックスを準備.
dep_var = "Survived" #従属変数名
cat_names = ["Pclass","Sex","SibSp","Parch","←
    Cabin","Embarked"] #カテゴリー変数が格納さ
    れている列リスト.
cont_names = ["Age","Fare"] #連続変数名
procs = [FillMissing, Categorify, Normalize] #前
    処理の種類を準備.
dls = TabularDataLoaders.from_df(titanic, y_names
    =dep_var, procs = procs, cont_names=
    cont_names, cat_names=cat_names)
learn = tabular_learner(dls, metrics=accuracy)
```

```
learn.fit_one_cycle(30,1e-3)
```

197

```
cancer = pd.read_csv("http://logopt.com/data/
    cancer.csv", index_col=0)
train_idx, valid_idx = train_test_split(range(len
    (cancer)), test_size=0.2) #検証用データのイ
    ンデックスを準備.
dep_var = "diagnosis" #従属変数名
procs = [FillMissing, Normalize] #前処理の種類を
    準備.
dls = TabularDataLoaders.from_df(cancer, y_names=
    dep_var, procs = procs)
learn = tabular_learner(dls, metrics=accuracy)
learn.fit_one_cycle(30,1e-3)
```

198

```
occupancy = pd.read_csv("http://logopt.com/data/
    occupancy.csv")
occupancy.drop("datetime", axis=1, inplace=True)
procs = [Categorify, FillMissing, Normalize] #前
    処理の種類を準備.
train_idx, valid_idx = train_test_split(range(len
    (occupancy)), test_size=0.3) #検証用データ
    のインデックスを準備.
dep_var = "occupancy" #従属変数名を準備.
cont_names, cat_names = cont_cat_split(occupancy,←
    max_card = 50, dep_var=dep_var)
print(cat_names, cont_names)
dls = TabularDataLoaders.from_df(occupancy, ←
    y_names=dep_var, procs = procs, cont_names
    =cont_names, cat_names=cat_names)
learn = tabular_learner(dls, metrics=accuracy)
learn.fit_one_cycle(30,1e-3)
```

199
略

200
略

201
略

第17章

202

```
from pycaret.regression import *
gpa = pd.read_csv("http://logopt.com/data/SATGPA.↵
    csv", index_col=0, dtype={"MathSAT":float,↵
    "VerbalSAT":float})
reg = setup(gpa, target = "GPA", session_id=123)
best_model = compare_models()
plot_model(best_model)
```

203

```
boston = pd.read_csv("http://logopt.com/data/↵
    Boston.csv", index_col=0)
reg = setup(boston, target = "medv", session_id↵
    =123)
best_model = compare_models()
plot_model(best_model)
```

204

```
car = pd.read_csv("http://logopt.com/data/Auto.↵
    csv", index_col=0)
reg = setup(car, target = "mpg", session_id=123)
best_model = compare_models()
plot_model(best_model)
```

205

```
concrete = pd.read_csv("http://logopt.com/data/↵
    concrete.csv")
reg = setup(concrete, target = "strength", ↵
    session_id=123)
best_model = compare_models()
plot_model(best_model)
```

206

```
bikeshare = pd.read_csv("http://logopt.com/data/↵
    bikeshare.csv")
bikeshare.drop(["date", "casual"], axis=1, ↵
    inplace=True)
reg = setup(bikeshare, target = "riders", ↵
    session_id=123)
best_model = compare_models(exclude = ["catboost"↵
    ])
plot_model(best_model)
```

207

```
carprice = pd.read_csv("http://logopt.com/data/↵
    carprice.csv", index_col=0, dtype={"↵
    MPGcity":float,"MPGhighway":float})
carprice = carprice.drop(["MinPrice", "MaxPrice",↵
    "RoughRange"], axis=1)
reg = setup(carprice, target = "Price", ↵
    session_id=123)
best_model = compare_models()
plot_model(best_model)
```

208

```
tips = sns.load_dataset("tips")
reg = setup(tips, target = "tip", session_id=123)
best_model = compare_models()
plot_model(best_model)
```

209

```
from pycaret.classification import *
credit = pd.read_csv("http://logopt.com/data/↵
    credit.csv")
clf = setup(data = credit, target = "default", ↵
    session_id=123)
best_model = compare_models(exclude=["catboost"],↵
    sort="AUC")
plot_model(best_model, plot = "auc")
```

210

```
occupancy = pd.read_csv("http://logopt.com/data/↵
    occupancy.csv")
occupancy.drop("datetime", axis=1, inplace=True)
clf = setup(data = occupancy, target = "occupancy↵
    ", session_id=123)
best_model = compare_models(exclude=["catboost"])
plot_model(best_model, plot = "auc")
```

211

```
titanic = pd.read_csv("http://logopt.com/data/↵
    titanic.csv")
clf = setup(data = titanic, target = "Survived", ↵
    session_id=123)
best_model = compare_models(fold=5, exclude=["↵
    ridge"])
plot_model(best_model, plot = "confusion_matrix")
```

212

```
cancer = pd.read_csv("http://logopt.com/data/↵
    cancer.csv", index_col=0)
clf = setup(data = cancer, target = "diagnosis", ↵
    session_id=123)
best_model = compare_models()
plot_model(best_model, plot = "confusion_matrix")
```

213

```
from pycaret.clustering import *
iris = px.data.iris()
iris = iris.iloc[:,:4]
cluster = setup(iris)
kmeans = create_model("kmeans", num_clusters=3)
#kmean_results = assign_model(kmeans)
#plot_model(kmeans)

hclust = create_model("hclust", num_clusters=3)
hclust_results = assign_model(hclust)
#plot_model(hclust)
```

214

```
import pandas as pd
from pycaret.anomaly import *
spam = pd.read_csv("http://logopt.com/data/spam.↵
```

```
        csv")
anomaly = setup(spam, normalize = True, ↩
        ignore_features=["is_spam"],session_id = ↩
        123)

iforest = create_model("iforest")
results = assign_model(iforest)
results.head().iloc[:,-10:] #最後の10列を表示

plot_model(iforest)
plot_model(iforest, plot = "umap")
```

215

```
import pandas as pd
from pycaret.arules import *
df = pd.read_csv("http://logopt.com/data/ireland.↩
        csv", index_col=0)
rule = setup(data = df, transaction_id = "↩
        InvoiceNo", item_id = "Description")
model = create_model()
model.head()
plot_model(model)
```

索　　引

全 3 巻分を掲載／太字：本巻

著者略歴

久 保 幹 雄
（く ほ みき お）

1963 年　埼玉県に生まれる
1990 年　早稲田大学大学院理工学研究科
　　　　　博士後期課程修了
現　在　東京海洋大学教授
　　　　　博士（工学）

Python による実務で役立つデータサイエンス練習問題 200+
3. 機械学習・深層学習　　　　　　　　　　定価はカバーに表示

2023 年 5 月 1 日　初版第 1 刷

著 者　久　保　幹　雄

発行者　朝　倉　誠　造

発行所　株式会社　朝　倉　書　店

　　　　東京都新宿区新小川町 6-29
　　　　郵 便 番 号　162-8707
　　　　電　話　03（3260）0141
　　　　F A X　03（3260）0180
　　　　https://www.asakura.co.jp

〈検印省略〉

シナノ印刷・渡辺製本

ISBN 978-4-254-12283-1　 C 3004　　　　Printed in Japan

実践 Python ライブラリー Python による ファイナンス入門

中妻 照雄 (著)

A5 判 / 176 頁　978-4-254-12894-9 C3341　定価 3,080 円（本体 2,800 円＋税）

初学者向けにファイナンスの基本事項を確実に押さえた上で，Python による実装をプログラミングの基礎から丁寧に解説。〔内容〕金利・現在価値・内部収益率・債権分析／ポートフォリオ選択／資産運用における最適化問題／オプション価格

実践 Python ライブラリー Python による 数理最適化入門

久保 幹雄 (監修) ／並木 誠 (著)

A5 判 / 208 頁　978-4-254-12895-6 C3341　定価 3,520 円（本体 3,200 円＋税）

数理最適化の基本的な手法を Python で実践しながら身に着ける。初学者にも試せるようにプログラミングの基礎から解説。〔内容〕Python 概要／線形最適化／整数線形最適化問題／グラフ最適化／非線形最適化／付録: 問題の難しさと計算量

実践 Python ライブラリー Kivy プログラミング
―Python でつくるマルチタッチアプリ―

久保 幹雄 (監修) ／原口 和也 (著)

A5 判 / 200 頁　978-4-254-12896-3 C3341　定価 3,520 円（本体 3,200 円＋税）

スマートフォンで使えるマルチタッチアプリを Python Kivy で開発。[内容] ウィジェット／イベントとプロパティ／ KV 言語／キャンバス／サンプルアプリの開発／次のステップに向けて／ウィジェット・リファレンス／他。

実践 Python ライブラリー はじめての Python & seaborn
―グラフ作成プログラミング―

十河 宏行 (著)

A5 判 / 192 頁　978-4-254-12897-0 C3341　定価 3,300 円（本体 3,000 円＋税）

作図しながら Python を学ぶ〔内容〕準備／いきなり棒グラフを描く／データの表現／ファイルの読み込み／ヘルプ／いろいろなグラフ／日本語表示と制御文／ファイルの実行／体裁の調整／複合的なグラフ／ファイルへの保存／データ抽出と関数

実践 Python ライブラリー Python による ベイズ統計学入門

中妻 照雄 (著)

A5 判 / 224 頁　978-4-254-12898-7 C3341　定価 3,740 円（本体 3,400 円＋税）

ベイズ統計学を基礎から解説，Python で実装。マルコフ連鎖モンテカルロ法には PyMC3 を活用。〔内容〕「データの時代」におけるベイズ統計学／ベイズ統計学の基本原理／様々な確率分布／ PyMC ／時系列データ／マルコフ連鎖モンテカルロ法

実践 Python ライブラリー　Python による計量経済学入門

中妻 照雄 (著)

A5 判／224 頁　978-4-254-12899-4　C3341　定価 3,740 円（本体 3,400 円＋税）

確率論の基礎からはじめ，回帰分析，因果推論まで解説。理解して Python で実践〔内容〕エビデンスに基づく政策決定に向けて／不確実性の表現としての確率／データ生成過程としての確率変数／回帰分析入門／回帰モデルの拡張と一般化

実践 Python ライブラリー　Python による数値計算入門

河村 哲也・桑名 杏奈 (著)

A5 判／216 頁　978-4-254-12900-7　C3341　定価 3,740 円（本体 3,400 円＋税）

数値計算の基本からていねいに解説，理解したうえで Python で実践。〔内容〕数値計算をはじめる前に／非線形方程式／連立 1 次方程式／固有値／関数の近似／数値微分と数値積分／フーリエ変換／常微分方程式／偏微分方程式。

実践 Python ライブラリー　Python によるマクロ経済予測入門

新谷 元嗣・前橋 昂平 (著)

A5 判／224 頁　978-4-254-12901-4　C3341　定価 3,850 円（本体 3,500 円＋税）

マクロ経済活動における時系列データを解析するための理論を理解し，Python で実践。[内容] AR モデルによる予測／マクロ経済データの変換／予測変数と予測モデルの選択／動学因子モデルによる予測／機械学習による予測。

pandas クックブック ―Python によるデータ処理のレシピ―

Theodore Petrou (著)／黒川 利明 (訳)

A5 判／384 頁　978-4-254-12242-8　C3004　定価 4,620 円（本体 4,200 円＋税）

データサイエンスや科学計算に必須のツールを詳説。〔内容〕基礎／必須演算／データ分析開始／部分抽出／ boolean インデックス法／インデックスアライメント／集約，フィルタ，変換／整然形式／オブジェクトの結合／時系列分析／可視化

事例とベストプラクティス Python 機械学習
―基本実装と scikit-learn/TensorFlow/PySpark 活用―

Yuxi (Hayden) Liu (著)／黒川 利明 (訳)

A5 判／304 頁　978-4-254-12244-2　C3041　定価 4,290 円（本体 3,900 円＋税）

人工知能のための機械学習の基本，重要なアルゴリズムと技法，実用的なベストプラクティス。【例】テキストマイニング，教師あり学習によるオンライン広告クリックスルー予測，学習のスケールアップ（Spark），回帰による株価予測。

Python インタラクティブ・データビジュアライゼーション入門
―Plotly/Dash によるデータ可視化と Web アプリ構築―

@driller・小川 英幸・古木 友子 (著)

B5 判／288 頁　978-4-254-12258-9 C3004　定価 4,400 円（本体 4,000 円＋税）

Web サイトで公開できる対話的・探索的（読み手が自由に動かせる）可視化を Python で実践。データ解析に便利な Plotly，アプリ化のためのユーザインタフェースを作成できる Dash，ネットワーク図に強い Dash Cytoscape を具体的に解説。

Transformer による自然言語処理

Denis Rothman(著) ／黒川 利明 (訳)

A5 判／308 頁　978-4-254-12265-7 C3004　定価 4,620 円（本体 4,200 円＋税）

機械翻訳，音声テキスト変換といった技術の基となる自然言語処理。その最有力手法である深層学習モデル Transformer の利用について基礎から応用までを詳説。〔内容〕アーキテクチャの紹介／事前訓練／機械翻訳／ニュースの分析。

FinTech ライブラリー Python による金融テキストマイニング

和泉 潔・坂地 泰紀・松島 裕康 (著)

A5 判／184 頁　978-4-254-27588-9 C3334　定価 3,300 円（本体 3,000 円＋税）

自然言語処理，機械学習による金融市場分析をはじめるために。〔内容〕概要／環境構築／ツール／多変量解析（日銀レポート，市場予測）／深層学習（価格予測）／ブートストラップ法（業績要因抽出）／因果関係（決算短信）／課題と将来。

Python と Q#で学ぶ量子コンピューティング

S. Kaiser・C. Granade(著) ／黒川 利明 (訳)

A5 判／344 頁　978-4-254-12268-8 C3004　定価 4,950 円（本体 4,500 円＋税）

量子コンピューティングとは何か，実際にコードを書きながら身に着ける。〔内容〕基礎（Qubit, 乱数, 秘密鍵, 非局在ゲーム, データ移動）／アルゴリズム（オッズ, センシング）／応用（化学計算, データベース探索, 算術演算）。

化学・化学工学のための実践データサイエンス
―Python によるデータ解析・機械学習―

金子 弘昌 (著)

A5 判／192 頁　978-4-254-25047-3 C3058　定価 3,300 円（本体 3,000 円＋税）

ケモインフォマティクス，マテリアルズインフォマティクス，プロセスインフォマティクスなどと呼ばれる化学・化学工学系のデータ処理で実際に使える統計解析・機械学習手法を解説。Python によるサンプルコードで実践。